DE HEILIGE SERAFIM

SERAFIM VAN SAROV

UITGEVERIJ ORTHODOX LOGOS

SERAFIM VAN SAROV

Irina Goraïnoff

Redactie: Kevin Custers

Oorspronkelijke titel:
SERAFIM DE SAROV

MONASTIEKE CAHIERS 3reeks
MONASTIEKE CAHIERS – studie

SA VIE par Irina Goraïnoff
ENTRETIEN AVEC MOTOVILOV et
INSTRUCTIONS SPIRITUELLES traduit
du Russe par Irina Goraïnoff

Uitgave Abbaye de Bellefontaine
Met persoonlijke toestemming
van de schrijfster

ALLE RECHTEN VOORBEHOUDEN UITGAVEN
ABDIJ BETHLEHEM ZELLAERDREEF 5
B-2820 BONHEIDEN

© 2021, Uitgeverij Orthodox Logos, Nederland

ISBN: 978-9-492-22-405-7

Niets uit deze uitgave mag worden verveelvoudigd en/of openbaar gemaakt door middel van druk, fotokopie, microfilm of op welke andere wijze ook zonder voorafgaande schriftelijke toestemming van de uitgever.

IRINA GORAÏNOFF

SERAFIM VAN SAROV

UITGEVERIJ ORTHODOX LOGOS

INHOUDSOPGAVE

EERSTE DEEL: ZIJN LEVEN 13

1 IN DE SCHADUW

ACHTERGROND 14
DE WOESTIJN 19
NOVICE 23
HET ERFGOED VAN HET HESYCHASME 28
DE ZIEKTE 33
MONNIK, DIAKEN, PRIESTER SERAFIM 34
KLUIZENAAR 38
DE 'KLEINE VERRE WOESTIJN' 40
DE KOSMOS 44
DE DIEREN 45
DE DUIVEL 46
HET VASTEN 47
HET GEBED 48
VERGEVING VAN BELEDIGINGEN 49
DE STILTE 53
DE VREDE 55
AFGEZONDERD 56

2 IN HET VOLLE LICHT

TERUG IN DE TIJD 60

DE KEIZER 62

DE STARETS 63

DE VOLTOOIING VAN DE ASCESE 65

HET HOE VAN DE HELDERZIENDHEID 67

MOEDERLIJK VADERSCHAP 69

ASCESE EN SYMBOLEN 70

DE VROUWEN 72

DE GESCHIEDENIS VAN EEN ONBEDAARLIJKE LACH . . 74

DE KINDEREN 76

EEN ANDER BEELD 78

WONDERDOENER 79

NOG VOOR LOURDES 81

ABT NIFONTES 82

DIVEJEVO 83

DE KERKEN 89

DE REGEL 93

WONDEREN 94

DE DOOD 98

DE EERSTE ZWALUW 102

DROEVIGE VOORGEVOELENS 105

DE ROEMRIJKE KONINGIN DES HEMELS 107

3 DE HEILIGE GEEST

DE DRAGER VAN EEN BOODSCHAP 111

HET DOEL VAN HET CHRISTELIJK LEVEN 115

GOD ZIEN 117

IN RUSLAND 119

INTELLECTUELE HOOGMOED:
HINDERPAAL VOOR HET ZIEN 120

VERSPREIDING VAN DE BOODSCHAP 123

MONNIK EN LEEK 124

ONS GEDRAG HIER BENEDEN 125

GEDAANTEVERANDERING 126

DE GROTE AFREIS 128

ZIJ DIE ACHTERBLIJVEN 131

VOORSPELDE BEPROEVINGEN 134

DE 'VREEMDE BEZOEKER' 135

EEN BEETJE DWAASHEID 139

PELAGIA 140

PARASCEVE 142

IN VOLLE ACTIE 144

DE ONTKNOPING 146

4 EPILOOG

DE HEILIGVERKLARING 153

VERSCHRIKKELIJKE TOEKOMSTBEELDEN 157

DE DWAASHEID VAN HET KRUIS 159

DE 'THEOTOKOS', MOEDER VAN GOD
EN DE RUSSISCHE VROUW 161

INVLOED NA ZIJN DOOD 162

DE GLOBALE BETEKENIS
VAN DE BOODSCHAP VAN DE HEILIGE SERAFIM . . . 164

TWEEDE DEEL: ONDERHOUD MET MOTOVILOV

HET WARE DOEL VAN HET CHRISTELIJK LEVEN . . . 168

IN CHRISTUS' NAAM 169

HET VERWERVEN VAN DE HEILIGE GEEST 170

DE PARABEL VAN DE MAAGDEN 171

HET GEBED 174

WANNEER HET GEBED MOET WIJKEN
VOOR DE HEILIGE GEEST 175

GEESTELIJKE HANDEL 177

GOD ZIEN 179

DE SCHEPPING 180

DE LEVENSBOOM EN DE ERFZONDE 182

DE GEEST VAN GOD IN HET OUDE VERBOND 183

DE GEEST VAN GOD BIJ DE HEIDENEN 183

CHRISTUS' KOMST GEOPENBAARD
DOOR DE HEILIGE GEEST 184

HERNIEUWING VAN DE 'LEVENSADEM'
DOOR ADAM VERLOREN 185

PINKSTEREN 185

DOOPSEL 186

BEROUW 186

HET BLOED VAN HET LAM, GEGEVEN IN RUIL
VOOR DE VRUCHT VAN DE LEVENSBOOM 187

DE MAAGD MARIA 188

VERSCHIL TUSSEN DE WERKING
VAN DE HEILIGE GEEST EN DIE VAN DE BOZE 188

DE GENADE VAN DE HEILIGE GEEST IS LICHT 189

TEGENWOORDIGHEID VAN DE HEILIGE GEEST . . . 190

HET ONGESCHAPEN LICHT 192

VERBREIDING VAN DE BOODSCHAP 196

MONNIK EN LEEK 197

DE WETTIGHEID VAN AARDSE GOEDEREN 197

ZENDING. 198

MACHT VAN HET GELOOF 198

NOOT VAN SERGIUS NILUS 201

DERDE DEEL: GEESTELIJKE ONDERRICHTINGEN

INLEIDING 204

GOD 205

OORZAKEN VAN CHRISTUS'
KOMST IN DEZE WERELD 206

OVER HET GELOOF. 206

OVER DE HOOP. 207

OVER DE LIEFDE TOT GOD 207

TEGEN DE NUTTELOZE ONRUST 207

OVER DE ZORG VOOR DE ZIEL 208

WAARVAN MOET MEN DE ZIEL VOORZIEN? 208

OVER DE VREDE VAN DE ZIEL 209

HOE DE ZIELEVREDE BEWAREN? 211

OVER HET BEWAKEN VAN HET HART 211

OVER DE BEKORINGEN. 212

OVER HET ONDERSCHEID VAN DE GEESTEN 212

OVER HET BEROUW 213

OVER HET GEBED 214

OVER HET LICHT VAN CHRISTUS. 215

OVER DE AANDACHT 216

OVER DE VREZE GODS	217
OVER DE ONTHECHTING VAN DE WERELD	217
OVER HET ACTIEVE EN HET CONTEMPLATIEVE LEVEN	218
OVER DE EENZAAMHEID EN DE STILTE | OVER DE VEELHEID VAN WOORDEN | OVER DE INNERLIJKE STILTE	219
OVER DE ASCETISCHE HELDENDADEN	219
OVER DE WEERSTAND TEGEN DE BEKORINGEN	221
OVER DE DROEFHEID, DE VERVELING EN DE WANHOOP	221
OVER DE ZIEKTE	222
PLICHT EN LIEFDE JEGENS DE NAASTE	223
OVER HET OORDEEL OVER ZIJN NAASTE	223
OVER HET VERGEVEN VAN BELEDIGINGEN	224
OVER HET GEDULD EN DE NEDERIGHEID	225
OVER DE BARMHARTIGHEID	226
REGEL VOOR HET GEBED	227

EERSTE DEEL:
ZIJN LEVEN

1
IN DE SCHADUW

ACHTERGROND

Op 19 juli 1759 wordt te Koersk, in het gezin van de koopman Isidoor Mosjnien, een jongen geboren die bij de doop de naam Prochoor ontvangt. Geen enkele bijzondere gebeurtenis kenmerkt deze geboorte. Koersk is een provinciestad zoals vele in Rusland, met lage huizen, geflankeerd door palissaden, langs slecht geplaveide straten, maar dikwijls overschaduwd door fraaie bomen zoals men die in parken vindt.

Elisabeth, dochter van Peter de Grote, regeert in deze tijd over een land dat zich langzaamaan herstelt van de verschrikkelijke beroeringen waarmee haar vader, de Tsaar, een onverzoenlijk revolutionair, het had geteisterd in het begin van de eeuw. Aan het hof van Elisabeth wordt veel gedanst. In Moskou, echter, worden de Academies voor Kunsten en Wetenschappen gesticht. Op bevel van de vrolijke keizerin verschijnen overal jachtpaviljoenen, romantische 'hermitages', paleizen met appelgroene muren, witte pilasters en vergulde kroonlijsten. Het zijn producten van de uitbundige fantasie van de Italiaanse architect Rastrelli. Wanneer zij van tijd tot tijd berouw voelt, en dat gebeurt soms, vraagt de vrome vorstin om kerken en kloosters. Rastrelli is de eerste in Rusland die in een lichte barokstijl bouwt. Vergulde en bolwangige engeltjes dartelen straffeloos rond aan de hoge muren boven de iconostases, onder de strenge afkeurende blik der iconen.

Maar al die nieuwigheden dringen niet door tot de provincie. De koopmansstand, waartoe de familie Mosjnien behoort, blijft streng traditioneel en handhaaft de oude gebruiken ongeschonden. Haar leden, gekleed zoals in de goede oude tijd, wat corpulent en met een baard (wat aan het hof verboden is) schenken geld en zonen aan de Kerk, iets wat de adel, die met fascinatie naar het Frankrijk van Lodewijk XV kijkt, nauwelijks meer doet.

Toch heeft de stad Koersk besloten een kerk te bouwen naar een ontwerp van de beroemde Rastrelli. De bouw wordt toevertrouwd aan Isidoor Mosjnien, vader van de kleine Prochoor. Hij bezit namelijk een steenfabriek en staat bekend als een betrouwbaar en gewetensvol aannemer. Hij sterft echter jong, nog voordat hij zijn werk beëindigd heeft, en zijn weduwe neemt de verantwoordelijkheid over.

Wat weet men van deze vrouw, aan wie Prochoor, die bij de dood van zijn vader pas drie jaar oud is, het beste van zichzelf te danken heeft? Er bestaat geen portret van haar, maar men kan zich haar voorstellen als een Russische matrone, wat corpulent, met gewone gelaatstrekken, een sereen gezicht, flink en toch zachtmoedig, intelligent zonder fanfare, arbeidzaam doch stil en rustig. Zij vindt niet alleen de tijd om haar zaak en huis te besturen, haar twee zoons Alexis en Prochoor op te voeden en toezicht te houden op de bouw van de kerk, maar neemt bovendien ook met liefde weesmeisjes op in haar gezin, geeft hun onderricht en zorgt ervoor dat ze een goed huwelijk sluiten en een bruidsschat meekrijgen. In die tijd was het lot van weesmeisjes uiterst beklagenswaardig.

Van de goede orde die in het huis van Agatha heerste, klinken echo's door in bepaalde raadgevingen die haar zoon later vaak gaf, wanneer het ging over het goed vegen van zijn kamer bij het opstaan "met een goede bezem", en over het onmiddellijk aansteken van de samovar (Russische theeketel), omdat "warm water goed is, zowel voor de ziel als voor het lichaam". Van zijn moeder heeft hij naar alle waarschijnlijkheid, behalve zijn helderblauwe ogen, ook zijn liefde voor nauwgezette arbeid en zijn afkeer voor luiheid geërfd.

Prochoor is zeven jaar oud wanneer het 'bovennatuurlijke' zich voor het eerst in dit rustige provincieleven manifesteert. Bij een bezoek met zijn moeder aan de kerk die nog in aanbouw is, valt hij van de hoge steiger rond de klokkentoren, maar staat zonder enig letsel weer op.

Op tienjarige leeftijd, hij gaat inmiddels al naar school, komt hij in levensgevaar door een onbekende ziekte. Agatha wanhoopt aan het leven van haar zoon totdat hij haar een mooie droom vertelt die hij kort tevoren heeft gehad: de Heilige Maagd is hem verschenen om te zeggen dat Zij hem persoonlijk zal komen genezen. Enige dagen later wordt een miraculeuze icoon van Onze-Lieve-Vrouw van Koersk in processie door de straten van de stad rondgedragen. Terwijl men het huis van de familie Mosjnien nadert, steekt er een storm op, vergezeld van een wolkbreuk. Om de icoon te beschermen brengt men haar op de binnenplaats. Agatha maakt van die gelegenheid gebruik en brengt haar zoon naar beneden en zijn zieke geneest. Iets voor de rubriek 'Gemengde berichten' in een krant? Een 'wondertje' waarmee iedere gelovige in zijn leven wel eens wordt begunstigd? Hier is toch iets meer aan de hand.

"U bent werkelijk gelukkig te noemen, weduwe", zegt op zekere dag een 'dwaas-in-Christus' tegen de dappere Agatha terwijl hij haar met haar twee jongens op straat tegenkomt. Hij staat erom bekend dat hij, zoals velen van zijn gelijken, in de toekomst kan zien. "U hebt het geluk een zoon te bezitten die een machtig voorspreker zal worden bij de Heilige Drievuldigheid, een man van gebed voor de gehele wereld".

Een dwaas-in-Christus? Men heeft een verkeerd beeld van Rusland als men geen oog heeft voor deze figuren met hun heldere ogen, hun raadselachtige manier van spreken en hun vreemdsoortig gedrag, dat vaak symbolisch bedoeld is, zoals dat van de oude profeten. Ze lopen halfnaakt rond-of zoals Jesaja helemaal naakt-zonder enige beschutting tegen de kou en de sneeuw, slapen in kerkportalen, dragen zware ketenen en leggen zich verschrikkelijke boetepraktijken op, en bij wijze van hoogste vorm van ascese kiezen ze voor de schijn van krankzinnigheid. Voor een westerling met zijn cartesiaanse geest is het feit zelfs dat men een kapotte narrenmantel werpt over zijn intelligentie, een bewijs van een ergerlijk gebrek aan evenwicht. In het Oosten heeft men daar een andere kijk op. Dwazen-in-Christus ('saloi') leefden al in Byzantium en Rusland nam er vijfendertig op onder zijn Heiligen. Tijdens hun leven werden sommigen vervolgd en mishandeld. Omdat zij verlangden naar het kruis, zochten ze de versmading. Onder hen waren zeker een aantal hysterici en bedriegers, maar de echte 'joerodivi' waren in de volle zin van het woord kinderen van God, deze 'heel kleinen', door de Vader in de plaats gezet van wijzen en verstandigen, opdat de eenvoudigen zich in hen zouden herkennen. En het Russische volk, altijd verlangend naar gerechtigheid en Waarheid (Pravda), voelde zich inderdaad sterk verwant met de tegenstanders van een tiranniek staatsbestel, een al te burgerlijke Kerk en een oppervlakkig of schijnheilig christendom. Bij monde van de 'joerodivi' zei het volk de groten der aarde onverbloemd de waarheid en trotseerde het onbevreesd de wreedaardige vorsten. De meest beroemde van deze kleine profeten, een groot heilige die stierf in de zestiende eeuw, ligt begraven op het Rode Plein van Moskou, in de veelkleurige, fantastisch mooie kerk die zijn naam draagt: Basilios, de gelukzalige.

We weten niet aan welk zonderling gedrag de dwaas-in-Christus van Koersk zijn faam als 'joerodivi' te danken had.

Zelfs zijn naam is onbekend gebleven. Men weet alleen dat hij destijds, toen hij de weduwe Mosjnien aansprak, reeds de verering genoot van zijn medeburgers. Is Agatha onder de indruk gekomen van zijn voorspelling? Haar zoon 'een kind van uitverkiezing'?

Prochoor krijgt een sterk karakter. Hij behoort tot een manhaftig ras. De stad Koersk is gelegen aan de rand van de steppen. Te allen tijde werden de bewoners opgeroepen om te vechten tegen de invallers. De middeleeuwse sproke 'De Troep van Igor' beschrijft ze als volgt: "Gebakerd onder de trompetten, gevoed met de punt van de lans, stormden zij, de boog gespannen en de kettingen open, als grijze wolven het veld in, belust op eer voor zichzelf en op roem voor hun vorst".

Ook al droomt de jonge Prochoor Mosjnien van heldenmoed, het zijn toch niet de heldendaden van dat krijgsvolk waarvoor hij warmloopt. Hij droomt van andere gevechten. Een gevaarlijker strijd trekt hem aan: de heldendaden van de heilige asceten die weerstand boden aan de machten van de demon.

Waarschijnlijk was Agatha niet verbaasd, toen Prochoor haar zegen vroeg om in gezelschap van vijf andere jonge koopmanszonen op pelgrimstocht te gaan naar Kiev. Hij wil daar bidden in het Holenklooster, om de wil van God over zijn toekomst te kennen. Wist Agatha dat die dwaas-in-Christus, met wie haar zoon vriendschap had gesloten, een steeds sterkere invloed op hem had gekregen? Eén ding is duidelijk: de handelszaak van de familie, waarin Alexis, de oudste van de Mosjniens werkzaam is, interesseert de jongste niet in het minst.

Kiev was een heilige stad, 'de moeder der Russische steden'; daar had vorst Vladimir in 989 zijn volk in de Dnjepr gedoopt en daar had een monnik, afkomstig van de berg Athos, het befaamde 'Holenklooster' gesticht, voor heel het land de bakermat van de christelijke beschaving.

Zal Prochoor hier het antwoord vinden dat hij zoekt? Het wordt hem inderdaad gegeven door een oude 'starets', Dositheos genaamd, die zijn verlangen om in een klooster te treden goedkeurt en hem verwijst naar een klooster waarvan de jongeman reeds heeft horen spreken: de 'Woestijn van Sarov'.

"Ga erheen zonder vrees en blijf er", zou Dositheos hebben gezegd, "daar zul je je ziel redden en je aardse pelgrimstocht beëindigen. Maak je vertrouwd met de voortdurende herinnering aan God. Roep Zijn heilige Naam aan en de Heilige Geest zal in je komen wonen en je leven naar de toppen der heiligheid leiden".

Prochoor is opgetogen: juist tot de 'Woestijn van Sarov' voelt hij zich aangetrokken. Verscheidene van zijn stadsgenoten wonen daar al. Maar het afscheid van zijn moeder is heel zwaar. Hij werpt zich voor haar neer. Onder tranen geeft zij hem de familie-iconen om te kussen en hangt hem een koperen achthoekig kruis om de nek, waarop de gekruisigde Christus is afgebeeld. Nooit heeft de zoon van Agatha het afgedaan. Tot aan zijn dood droeg hij het zichtbaar op zijn borst en vroeg het na zijn dood in de kist te leggen. Vervolgens, met de reisstok in de hand en in gezelschap van twee van zijn vijf vrienden, met wie hij zijn bedevaart naar Kiev heeft gemaakt, gaat Prochoor op weg. Ongeveer zeshonderd kilometers scheiden Sarov van Koersk.

DE WOESTIJN

In het Hebreeuws betekent het woord 'woestijn' iets of iemand die is prijsgegeven, aan de natuur, aan de wilde dieren, een 'onbezaaid land' (Jer. 2,2). In het Russisch komt 'poestinia' (woestijn) van 'poesto', 'poestota' (leegte). De grondbetekenis van beide termen is identiek. Men kan in de woestijn door God prijsgegeven worden, of alles prijsgeven voor

God. In de totale leegte, en in het bijzonder in het leeg-zijn van zichzelf, komt men dichter tot God na de bekoringen van zijn tegenstander te hebben weerstaan. In de woestijn waarheen Hij, zoals de oudtestamentische profeten, door de Heilige Geest gedreven werd, behaalde Christus zijn eerste overwinning op de satan.

Zo opgevat is de woestijn niet noodzakelijk een zandvlakte zoals de Sahara. Voor de Russen was het het woud, dat een groot deel van hun grondgebied uitmaakte, onmetelijk en bijna onbetreden. Daar bloeide de heiligheid, zoals die traditioneel was in de orthodoxe Kerken van Syrië, Palestina en Egypte.

De orthodoxe monnik is geen missionaris. Hij gaat er niet op uit om te prediken, zoals een Franciscaan of Dominicaan, maar verbergt zich om vervuld te worden van God. Heeft de faam van zijn deugden zich echter eenmaal naar buiten verspreid, dan zal hij een rol spelen op geestelijk, cultureel en sociaal gebied. Een van de grootste Russische heiligen is Sergius van Radonez (1314-1392), die men de 'Mozes van het Russische volk' heeft genoemd; hij sprak het volk de nodige moed in om het juk van de Mongolen af te schudden, was raadgever van de groten en vriend van de kleinen en werd, na een verborgen leven in de dichte wouden, tenslotte abt van de beroemde Laura van de Heilige Drievuldigheid, tegenwoordig Zagorsk; haar invloed in de geschiedenis van Rusland was buitengewoon groot en is nog steeds aanzienlijk. In de vijftiende eeuw slaagde de heilige Paulus van Obnorsk erin om gedurende drie jaren in een holle boomstam van een oude linde te wonen zonder ooit door iemand te zijn ontdekt. Alleen de dieren kenden zijn schuilplaats. Wanneer hij bad, zongen de vogels op zijn schouders. Hij stierf 112 jaar oud, omringd door leerlingen.

Het woud van Sarov, ten noorden van het gouvernement Tambov en ten zuiden van dat van Nizjni-Novgorod, in het centrum van Rusland, bezat alle vereisten om als 'woestijn' te functioneren. "Een zeer groot woud", zegt een oude kroniek, "met eiken, sparren en andere bomen, en in dat woud zeer veel beesten: beren, elanden, vossen, marters en aan de oevers van de rivieren Satis en Sarovka bevers en otters". Het werd alleen bezocht door Finse jagers van de Mordva-stam. Toen de Russen er binnenvielen, opgejaagd door de Tartaren, trokken de oorspronkelijke bewoners zich terug. Bij de samenloop van de twee rivieren bouwden de Tartaren een vesting, maar na de overwinning van Dimitri Donskoj op het veld van Koelikovo–dit is het snippenveld (1380)– trokken zij op hun beurt weg.

Het woud was praktisch dichtgegroeid en diende tot schuilplaats voor struikrovers en vogelvrijverklaarden. Pas in de zeventiende eeuw durfde een monnik, Theodosios, het aan om een hut te bouwen op de resten van de oude vesting. Na een overval door rovers zag hij zich gedwongen te vertrekken. Een tweede, Gerasimos, nam zijn plaats in. Uiteindelijk stichtte een derde, Isaak, in het begin van de regering van Peter de Grote, daar een klooster en gaf het een strenge regel. De laatste patriarch van Moskou gaf toestemming tot de bouw van een kerk. Binnen vijftig dagen waren de geestdriftige monniken ermee klaar. Men vertelt dat tijdens de wijding van de kerk een blij klokkenspel het bos deed trillen. Waar kwam dit vandaan? Noch in het nieuwe klooster, noch in de omtrek was er ook maar één klok te vinden.

Wonderlijker, hoewel meer prozaïsch, was misschien toch het feit dat de 'Woestijn van Sarov' kon worden gesticht en zich heeft kunnen ontwikkelen en tot bloei heeft kunnen komen op een ogenblik in de Russische geschiedenis dat niet bepaald gunstig was voor monastiek leven. Peter de Grote had zijn land op het Westen georiënteerd. Het erfgoed van Byzantium met zijn religieuze cultuur moest namelijk wijken voor de beginselen van de moderne techniek die vanuit Holland werd ingevoerd. Het Patriarchaat werd opgeheven. De kloosters, 'kankerplekken in het rijk', en de monniken, 'die luiaards', dienden te verdwijnen. De huizen van religieuzen kregen het verbod novicen aan te nemen. Aangezien studeren streng verboden was, zou de monnik in wiens cel papier en inkt werd aangetroffen, aan lijfstraffen blootgesteld worden.

De politiek van haar voorganger voortzettend, beveelt Catharina II alle kloosters in het Keizerrijk te sluiten. Het keizerlijk bevel wordt echter nooit geheel uitgevoerd. Wel komt het tot godsdienstvervolgingen waarvan onschuldigen het slachtoffer worden. Abt Isaak van de 'Woestijn van Sarov', een zachtaardige en heilige grijsaard die door zijn begrip en goedheid veel oudgelovigen, verspreid door de omliggende bossen, tot de Kerk terugbrengt, wordt beschuldigd van subversieve activiteiten tegen de Staat en geboeid naar Sint-Petersburg gesleept. Na drie jaar lijden sterft hij in de gevangenis. Zijn opvolger Efraïm slijt vijftien jaar zonder een klacht te uiten in de vesting van Orenburg. Na zijn rehabilitatie keert hij naar Sarov terug, waar hij tot abt wordt herkozen. Hij heeft grote liefde en een verfijnde smaak voor kerkmuziek en is een voorbeeldig monnik, bekend om zijn diep meeleven met armen en ongelukkigen. Tijdens de hongersnood van 1774 herbergt en voedt hij honderden vluchtelingen, op gevaar af samen met zijn monniken van honger om te komen. Hij wijst Vader Pachomios als zijn opvolger aan. Deze is afkomstig uit Koersk, en de jonge Prochoor Mosjnien zal uiteindelijk onder zijn pastorale zorg komen te staan. Ondanks branden en roofovervallen waaronder het klooster meerdere malen te lijden heeft, is het in diens zeventig jarig bestaan vergroot en verfraaid. De armoedige houten kapel, die in vijftig dagen werd opgetrokken, is vervangen door een kerk in witte steen, waarvan de vergulde kruisen schitteren tot over de muren van de omheining, vlakbij de samenloop van de rivieren Satis en Sarovka, wier grillige bochten verdwijnen onder de donkere gewelven van het woud.

NOVICE

Het is een koude novemberavond, 20 november 1778, daags voor het feest van Maria's Opdracht in de Tempel. Na de lange tocht ontwaren Prochoor en zijn metgezellen eindelijk in de koude avond tussen de grote zwarte sparren de witte muren van het klooster. In de kerk worden de vespers gezongen en in het zachte schemerdonker branden de kaarsen voor de iconen. Het strenge ritme van het officie en het welluidend samenvloeien van de stemmen in de harmonie van het koor, wat houdt Prochoor daarvan! Alles is goed.

De volgende dag, het feest van de Opdracht in de Tempel, dient de jongeman zich aan bij de abt. Hij is negentien jaar oud en knap van uiterlijk: groot, slank, met brede schouders, een lichte huidskleur, enigszins uitstekende jukbeenderen, een smalle neus en diepblauwe ogen. Een indruk van gezondheid, gaafheid en kracht. Vader Pachomios, evenals de jongeman afkomstig uit Koersk, ontvangt hem hartelijk. Doordat ook hij uit een koopmansgezin stamt, was hij in zijn jeugd nog bekend met de ouders van Prochoor. Gegrepen door de openhartigheid van de jonge man en zijn heldere blik vat hij vanaf het begin genegenheid voor hem op.

Zijn eerste taak als novice bestond erin te helpen in de voorraadkamer van Vader econoom. Daarna wordt hij belast met verschillende soorten werk dat men in de oosterse kloosters 'dienstwerk' noemt. Achtereenvolgens wordt hij bakker, schrijnwerker en koster. Zoals de heilige Sergius geeft hij de voorkeur aan het timmermansvak dat ook Christus in Nazareth heeft uitgeoefend. Hij toont zich daarin zo handig dat hij de bijnaam 'Prochoor de timmerman' krijgt. Ambachtelijk aangelegd, zoals vele Russen, maakt hij met liefde kruisjes van cipreshout die de pelgrims graag kopen. Uitgerust met een uitzonderlijk fysieke kracht, helpt hij de monniken bij het omhakken en vlotten van de sparren. Met Isaak de Syriër, een van zijn geliefde auteurs, zegt hij: "Lichamelijke arbeid en geregelde lezing van de Heilige Schrift dragen bij tot het bewaren van de zuiverheid".

Men houdt van hem in het klooster vanwege zijn opgewektheid en goede humeur. "Wat was ik toen blij", zal hij later tegen een religieuze zeggen. "Opgeruimdheid is geen zonde, Matoesjka, integendeel.[1] Zij verjaagt de vermoeienis; van vermoeienis komt ontmoediging: niets is erger dan dat! Toen ik in het klooster ben ingetreden, zong ik mee in het koor. Het gebeurde soms dat de broeders vermoeid waren, wat aan de zang te merken was; sommigen kwamen helemaal niet zingen. En ik, mijn vreugde, ik was toch zo opgewekt! Als ze allemaal bij elkaar waren, maakte ik een of ander grapje waardoor zij hun vermoeidheid vergaten. In het huis van God is het niet passend te spreken of iets verkeerds te doen, maar een vriendelijk, opgewekt en bemoedigend woord is geen zonde, Matoesjka. Het helpt de menselijke geest blij te zijn voor het aanschijn van God".

De toekomstige Vader Serafim is reeds helemaal aanwezig in dit kleine toespraakje dat getrouw is weergegeven: zijn karakteristieke manier van spreken, gewild volks en gemoedelijk, zijn gewoonte om zijn ondervragers te tutoyeren en hen 'mijn vreugde' te noemen–wat in het Russisch minder

---

[1] De russische taal is bijzonder rijk aan verkleinwoorden die voortdurend gebruikt worden zoals 'Batjoesjka' – vadertje, 'Matoesjka' – moedertje. Klinken ze in het Nederlands eerder lachwekkend, in het Russisch zijn ze zowel eerbiedig als liefkozend. Ze worden gebruikt als men zich richt tot een priester, een religieuze, maar men kan in sommige gevallen ook op vertrouwelijke wijze zeggen 'batjoesjka' voor 'mijnheer' en 'matoesjka' voor 'mevrouw'. Men gebruikt in het Russisch ook geregeld gevoelsuitdrukkingen als 'doesja moja'–mijn ziel; 'goloebtsjik moj'– mijn duifje; 'radost moja'– mijn vreugde; dit laatste was de lievelingsuitdrukking van Prochoor Mosjnien, later bekend onder de naam Serafim van Sarov.

vreemd overkomt dan in onze taal–en zijn afschuw van ontmoediging en pessimisme.

Maar ondanks deze zo gelukkige aanleg moet men niet denken dat het noviciaat van deze jongen, vol bruisend leven, die zo graag zingt en gevoelig is voor schoonheid, zonder horten of stoten verloopt. Later zal hij bekennen: "Tot aan je vijfendertigste jaar–zowat de helft van ons aardse leven–kost het zeer veel inspanning om je te hoeden voor het kwaad. Velen spelen dat niet klaar en keren zich af van de rechte weg om hun eigen neigingen te volgen".

Wat moet men nu doen om vol te houden? Een reeks raadgevingen aan een postulant werpt een zeker licht op de jonge jaren van Prochoor de timmerman.

"Hoe je hier ook in het klooster zijt binnen gekomen, verlies de moed niet: God is daar. Het monastieke leven is niet gemakkelijk. Maar bij de eerste ontmoediging moet men niet zomaar overwegen van klooster te veranderen. De novice moet de wil hebben om te volharden.

"Ben je eenmaal in dit heilige huis, dan moet je als volgt te werk gaan: wees aandachtig in de kerk, maak je vertrouwd met de officies, de vespers, completen, nachtwaken, metten en de uren. Blijf tijdens de liturgie staan, de ogen gericht op een icoon of een kaars. De slechte geur van je verstrooiingen mag zich niet mengen met de wierook van de psalmodie. In je cel moet je je toeleggen op de lezing, vooral op de psalmen. Herlees elk vers meerdere malen om het in je geheugen te bewaren. Heb je werk te doen, doe het. Geeft men je een opdracht, ga erheen. En tijdens het werk, herhaal onophoudelijk het gebed:

'Heer Jezus Christus, Zoon van God,
ontferm U over mij, zondaar'.

"Als je bidt, luister dan naar jezelf, dit wil zeggen concentreer je en laat geest en hart zich verenigen. Bid in het begin, dit wil zeggen, één, twee of meerdere dagen, met je verstand door elk woord afzonderlijk uit te spreken. Als dan de Heer je hart met zijn genade heeft verwarmd, zal je gebed in eenheid met de Geest zonder onderbreking opwellen en altijd met je zijn, je verblijden en je voeden. Als je dan in het bezit zult zijn van dit geestelijk voedsel, dit wil zeggen, deze samenspraak met de Heer zelf, waarom zou je dan nog op bezoek gaan bij de broeders in hun cellen, zelfs als zij je uitnodigen? Voorwaar, praatzucht staat gelijk met luiheid! Als je jezelf niet begrijpt, waarover kun je dan met anderen van gedachten wisselen, wat kun je hun dan nog leren? Zwijg liever! Zwijg altijd en denk steeds aan de tegenwoordigheid van God en aan Zijn Naam. Knoop met niemand een gesprek aan, maar wacht je ervoor lachers en mooipraters te hekelen. Wees doof en stom.

"Kijk in de refter niet naar wat de anderen eten, oordeel niet, maar let op jezelf, terwijl je je ziel voedt met het gebed. 's Middags kun je eten zoveel als je nodig hebt, maar beperk je 's avonds. Gulzigheid past een monnik niet. Neem op woensdag en vrijdag zo mogelijk slechts één maaltijd en de Engel van de Heer zal je nabij zijn. Maar toch moet je voldoende eten opdat het lichaam, aldus versterkt, een hulp zijt voor de mens bij het vervullen van zijn plicht. Het zou anders kunnen gebeuren dat het lichaam, eenmaal verzwakt, de ziel aan het wankelen brengt. Vasten bestaat er niet alleen in zelden te eten, maar in weinig te eten. Het is niet redelijk dat degene die vast, na ongeduldig het uur van de maaltijd te hebben afgewacht, zich lichamelijk en geestelijk met vraatzucht op het voedsel werpt. Het ware vasten bestaat overigens niet alleen in het beheersen van zijn eigen lichaam, maar ook in het zich iets ontzeggen, om brood te kunnen geven aan wie het niet heeft.

"Slaap 's nachts niet minder dan vier uur; vanaf negen uur tot een uur na middernacht. Voel je je vermoeid, dan kun je 's namiddags een siësta houden. Dat heb ik sinds mijn jeugd gedaan. Door dit te doen zul je je niet bedrukt voelen maar gezond en opgewekt. En je zult tot het einde van je dagen in het klooster blijven.

"De eerste deugd van de novice moet gehoorzaamheid zijn, het beste geneesmiddel tegen de lusteloosheid. Deze gevaarlijke ziekte is voor een beginneling moeilijk te vermijden, tenzij hij strikt de richtlijnen van zijn oversten opvolgt. Samen met de gehoorzaamheid moet de jonge monnik zich toeleggen op het geduld; zonder te mopperen moet hij kwellingen en beledigingen weten te verdragen.

"Het habijt is het aanvaarden van beledigingen en laster. Een monnik moet gelijken op een oude slof, die tot op de draad versleten is. Hij moet zijn als een stuk laken dat de lakenwever slaat, met de voeten treedt, uitkamt en wast, om het zo wit als sneeuw te maken: zonder beproeving geen zaligheid. Zonder gebed en geduld wordt men geen monnik, zoals men niet ten strijde trekt zonder wapens".

Eén klip! De vrouwen.

"Vlucht als het vuur voor die geschilderde kraaien. Dikwijls veranderen ze een soldaat van de koning in een slaaf van satan. En de deugdzamen moeten we evenzeer vermijden als de anderen. De was van een kaars, zelfs als deze is uitgedoofd, moet wel smelten als ze omgeven is door brandende kaarsen. Zo zal het hart van een monnik altijd verslappen in de omgang met het vrouwelijk geslacht.

"Vanaf zijn intrede in het klooster tot aan zijn dood is het leven van de monnik één zware strijd tegen de wereld, het vlees en de duivel. Een ware monnik houdt er niet van zijn gemak te nemen en zich lui uit te strekken; hij is geen monnik die in tijden van strijd ter aarde valt en zich zonder slag of stoot overgeeft".

Dit zijn raadgevingen van een gerijpt man. Maar ze weerspiegelen de problemen van de jonge religieuzen van alle tijden.

Een stem uit een ver verleden schijnt te antwoorden: "Monnik is hij, die zijn hart sterk maakt en ernaar hunkert de Onlichamelijke in een lichamelijke woning te omvatten". Het is een uitspraak van Johannes Climacus, die in de zevende eeuw abt was van het St. Catharinaklooster aan de voet van de berg Sinaï. De jaren hebben niets veranderd aan de eisen der ascese, althans in de orthodoxie.

HET ERFGOED VAN HET HESYCHASME

"Herhaal onder het werk voortdurend het gebed: 'Heer Jezus Christus, Zoon van God, ontferm U over mij, zondaar'. Denk steeds aan de tegenwoordigheid van God en zijn heilige Naam". Had de grijsaard Dositheos in Kiev niet hetzelfde gezegd?

De voortdurende herinnering aan de goddelijke tegenwoordigheid en de aanroeping van de heilige Naam van God, niet uit te spreken omwille van de schrikwekkende macht waarmee hij geladen is en die men verving door namen als Jahweh, Elohim, Adonaï, gaan terug tot de alleroudste Bijbelse traditie. In het gebed dat Christus aan zijn leerlingen gaf is de eerste bede: "Uw Naam worde geheiligd". De Naam Jezus, waarop de apostelen vanaf het begin van hun verkondiging de nadruk legden en die zij aanriepen om de zieken te genezen, vertegenwoordigde een kracht en was een bron van heil. Daarom verboden de leden van het Sanhedrin die Naam te verkondigen (vgl. Hand. 4, 17-18; 5,28.40-41). In zijn brief aan de Filippenzen schrijft de heilige Paulus, sprekend over Christus: "God heeft Hem hoog verheven en Hem de Naam verleend die boven alle namen is, opdat bij het noemen van Zijn Naam zich iedere knie zou buigen, in de hemel, op aarde en onder de aarde, en iedere tong zou belijden, tot eer van God de Vader, Jezus Christus is de Heer" (Fil. 2,9-11). De verheerlijkte Jezus is de Gezalfde, de Heer. In de Naam Jezus, die zijn glorie uitdrukt, ligt een reddende en levendmakende kracht, vandaar de steeds toenemende verspreiding van het 'Jezusgebed' onder de monniken en vervolgens onder alle christenen.

De Naam Jezus sluit zijn tegenwoordigheid in. "Tussen de Naam en Hem die men aanroept zou men zelfs niet de snede van een scheermes kunnen wringen", heeft een hedendaags Russisch theoloog eens gezegd.[2]

Tot iemand die aanwezig is spreekt men. Spreken tot God is bidden. "Bidt zonder ophouden" zegt de heilige Paulus (1 Tess. 5,17). Overgeleverd aan zichzelf echter heeft de mens moeite om te bidden, hoe weinig en hoe zelden ook. Gelukkig "komt de Geest onze zwakheid te hulp. Want we weten niet eens hoe we behoren te bidden, maar de Geest zelf pleit voor ons met onuitsprekelijke verzuchtingen" (Rom. 8,26). We kunnen Jezus niet losmaken van de Heilige Geest.

Zal de Geest echter zijn intrek nemen in een wezen vol afdwalende gedachten, met een kleed bezoedeld door de zonde? Zeker niet. Om te beginnen moet men zijn zonden betreuren. Daarna zal men zijn hart bewaken om de toegang te beletten aan de bekoringen, de schadelijke gedachten en aan de verbeelding (deze 'folie du logis'), waarvan de vijand zich bedient om de onervarenen op een dwaalspoor te brengen door pseudo-hemelse visioenen. Vandaar de raadgevingen aan genoemde postulant: "Als je bidt, luister dan naar jezelf, dit wil zeggen, concentreer je en laat geest en hart zich verenigen" (de vereniging tussen verstand en hart, als middelpunt beschouwd, is noodzakelijk). "Als de Heer dan je hart zal hebben verwarmd door Zijn genade, in eenheid met de Geest, zal je gebed zonder onderbreking opwellen. Deze wijze van

---

[2] PAUL FLORENSKY. Aangehaald door "Anonyme" in een gestencild cahier afkomstig uit de U.S.S.R. (in het Russisch).

bidden, ontstaan in de woestijn en in de loop der eeuwen in de kloosters van het Oosten uitgewerkt, werd een echte leer, door de Kerk bekrachtigd: zij werd hesychasme genoemd naar het Griekse woord ησυχια–innerlijke vrede, kalmte, rust.

Dit gebed heeft twee toppen. De eerste wordt bereikt als het gebed, dat een wezenlijk deel van de mens is geworden, niet meer iets is wat de mens zégt, maar wat in hem gezegd wordt: "Als de Geest zijn woning vestigt in de mens, kan deze niet meer ophouden te bidden, want de Geest houdt niet op in hem te bidden. Voortaan beheerst hij het gebed niet slechts gedurende bepaalde tijden, maar altijd. Zelfs als hij uitwendig rust neemt, duurt het gebed op verborgen wijze voort want "de stilte van hem die tot volmaakte rust gekomen is, is gebed" zegt Isaak de Syriër (1). "Zijn gedachten zijn goddelijke stuwingen, de bewegingen van het gezuiverde verstand zijn als onhoorbare stemmen die in het verborgen deze psalmodie zingen voor de Onzichtbare". Maar de Syriër haast zich er aan toe te voegen: "Het zal echter moeilijk zijn om op een hele generatie één mens te vinden, die deze kennis van Gods glorie heeft benaderd".[3]

De tweede top wordt overstroomd door een licht dat de orthodoxie 'ongeschapen' noemt. Ondanks het verbod om te 'mediteren' over bepaalde episodes uit het leven van Christus en toe te laten dat beelden zich zouden vormen in hun geest, werden de beoefenaars van het 'Jezusgebed' soms begiftigd met lichtende visioenen, die noch het effect waren van hun verbeelding, noch van een lichtend natuurverschijnsel dat symbolisch uitgelegd werd, maar een theofanie.

Die goddelijke openbaring was even reëel als die van de berg Tabor, die de glorie van de Verrezene voorafbeeldde, evenals het nooit ondergaande licht dat het hemelse Jeruza-

....

[3] *Mystic Treatises by Isaac of Niniveh*. Vertaald door A.J. Wensinck, Amsterdam, 1923, p. 174. *Ibidem*, p. 113.

lem zal verlichten en waarvan "het Lam haar lamp zal zijn" (Apok. 21,23). Een groot mysticus uit de elfde eeuw, abt van het klooster van Sint-Mammas van Constantinopel, de heilige Simeon die door de Kerk vereerd werd met de titel 'Nieuwe Theoloog', werd de geïnspireerde zanger van deze Licht-Geest-theologie.

Waren de monniken van Sarov op de hoogte van de leer en de praktijken der hesychasten? Volgens de reeds genoemde raadgevingen aan de postulant is het antwoord bevestigend. Vanaf het begin van de veertiende eeuw verspreidden geschriften over het hesychasme zich over de Slavische landen en bereikten zij Rusland. Of de heilige Sergius van Radonez (1334-1392) deze geschriften kende, weten wij niet, maar de ervaring van het ongeschapen Licht was hem niet vreemd. In de vijftiende eeuw liet de heilige Nilus van Sora (1433-1508), kluizenaar uit de 'Thebaïs van het Noorden aan de overzijde van de Wolga, een geleerde die vlot Grieks sprak en lange tijd op de Athos had verbleven, aan zijn geestelijke nakomelingen een regel na, geïnspireerd door de grote meesters van de leer van het hesychasme: Johannes Climacus, Isaak de Syriër, Simeon de Nieuwe Theoloog ... De teksten die bewaard zijn gebleven "geven tegelijk een treffend voorbeeld van absolute trouw aan de hesychastische traditie uit Byzantium, én van een opmerkelijke geestelijke eenvoud die de persoon van Nilus zelf kenmerkte en die de in het oog vallende trek van de latere Russische heiligen zal uitmaken". Dit moeten we onthouden. "Door minder belang te hechten aan theologische beschouwingen droegen de Russische heiligen er vaak toe bij de mystiek van de hesychasten te vermenselijken; veel meer dan de Grieken legden zij de nadruk op de sociale betrokkenheid van het eremitisme".[4]

---

[4] JEAN MEYENDORFF, *Saint Grégoire Palamas et la Mystique Orthodoxe*. Ed. du Seuil, *Maîtres Spirituels*, p. 151.

De moeilijkheden, ja zelfs de vervolgingen die de Russische Kerk gedurende de achttiende eeuw doormaakte, slaagden er niet in, zoals we gezien hebben, de Russische ziel haar verlangen naar God te ontnemen. Talrijker dan ooit doorkruisten pelgrims het keizerrijk, op zoek naar deze Waarheid-Rechtvaardigheid, die het aardse leven scheen af te wijzen. Het was in die tijd dat sommigen onder hen uitstekende berichten uit Moldavië meebrachten. Aan de grenzen van Roemenië woonde een Russische monnik, een echte 'starets', Païssy Velitsjkovsky (1722-1794) rond wie het monastieke leven zich had gereorganiseerd overeenkomstig de meest authentieke tradities. Duizenden monniken hadden zich reeds in zijn klooster verzameld. Wat Païssy zelf betreft: hij sprak meerdere talen en vertaalde onvermoeibaar uit het Grieks, op een ogenblik dat de monniken in Rusland het recht was ontnomen om te studeren en te schrijven, de werken van de Griekse Vaders en vooral die van de heilige hesychasten, waarmee hij vertrouwd was geraakt tijdens een langdurig verblijf op de Athos. Het enige portret dat men van hem heeft, stelt hem voor als een tengere figuur onder de brede plooien van een monniksmantel en met een paar verbazend grote ogen in zijn lieflijk gezicht. Men zei dat hij dikwijls ziek was. Liggend op zijn bed, ineengedoken als een kind, maar omgeven door woordenboeken, dicteerde hij dan aan verschillende secretarissen zijn vertalingen. Zijn invloed in Rusland was buitengewoon groot. Aan het einde van de achttiende en het begin van de negentiende eeuw ontmoet men overal zijn leerlingen of leerlingen van deze laatsten. Een van hen was Dositheos van Kiev, die de aandacht van Prochoor Mosjnien op de Woestijn van Sarov richtte. Maar geen der vertalingen van Païssy kende zo'n succes als zijn 'Philokalia'-in het Grieks 'Liefde voor het schone', in het Russisch 'Dobrotoljoebie': 'Liefde voor het goede'. Dit was een verzameling van Vaderspreuken die in 1782 te Venetië werd gepubliceerd door een Griekse bisschop die door de Ottomaanse autoriteiten verbannen was van zijn bisdom. Zijn naam was Macarios van Corinthe (1731-1805). Voor deze uitgave werkte hij samen met een monnik van de heilige berg, Nicodemus de Hagioriet (1749-1809). Zonder zich te bekommeren om herhalingen, bevatte deze verzameling een reeks teksten, afkomstig van de grote contemplatieven onder de hesychasten, vanaf de woestijnvaders tot aan de 'hervormers' uit de veertiende eeuw.[5] De Russische vertaling verscheen in 1793 te Sint-Petersburg tegen het einde van de regering van Catharina II, dankzij de inspanning van de voortreffelijke metropoliet Gabriël. Doch, zoals men ziet, was Dositheos van Kiev, zestien jaar vóór de officiële uitgave ervan, reeds geheel vertrouwd met de geest die ze bevatte.

DE ZIEKTE

Of hij zich al dan niet bewust is hesychast te zijn, de ijver die Prochoor de timmerman in de Woestijn van Sarov ontplooit, dreigt in ieder geval zijn graf te worden. Men veronderstelt dat hij aan waterzucht lijdt. Drie jaar lang worstelt hij ermee en tenslotte kluistert de ziekte hem aan zijn bed. Zijn toevlucht nemen tot de geneeskunde lag niet in de monastieke traditie. De Athos kende geen dokters. Maar wanhopend aan het leven van zijn meest geliefde novice, staat Vader abt, die niet van zijn bed wijkt, op het punt om in de stad een dokter te laten halen, wanneer tot verwondering van allen de zieke geneest. Wat is er gebeurd? Pas veel later zal men het te weten komen.

De Heilige Maagd, die in Koersk door middel van een icoon het zieke kind was komen genezen, was dit keer per-

---

[5] Vgl. *Petite Philocalie de la Priére du Coeur*, vertaald en ingeleid door Jean Gouilaard. Ed. du Seuil.

soonlijk teruggekomen om de jonge novice van de Woestijn van Sarov te redden. Ze was vergezeld van de apostelen Petrus en Johannes. Zich tot hen wendend sprak ze, daarbij wijzend op de stervende, de vreemde woorden: "Hij is van ons geslacht". Zoiets wordt niet verzonnen. Hoe zouden ze zijn opgekomen in de geest van iemand die de nederigheid nastreeft. Hij was al op leeftijd toen hij het vertelde: "Zij legde haar rechterhand op mijn voorhoofd. In haar linker hield zij een scepter. En met die scepter raakte zij de arme Serafim aan. Op deze plaats, mijn rechterheup, ontstond een opening en daarlangs vloeide het water weg. Zo redde de Koningin van de Hemel de nederige Serafim". Een diep litteken in zijn zijde getuigde van het wonder.

MONNIK, DIAKEN, PRIESTER SERAFIM

Acht jaar na zijn intrede in de Woestijn van Sarov wordt Prochoor op zevenentwintigjarige leeftijd waardig geacht het monastieke habijt te dragen; op 13 augustus 1786 wordt hij opgenomen in de communiteit van de Woestijn van Sarov. Zonder zijn mening te vragen geeft men hem de naam Serafim, wat in het Hebreeuws wil zeggen 'de vlammende'. Weldra zal hij diaken gewijd worden. Maar eerst wil hij een schuld van dankbaarheid inlossen; met de zegen van zijn oversten vertrekt hij om geld in te zamelen voor de bouw van een kleine kapel boven de cel die getuige is geweest van zijn lijden, waar hij bezocht en genezen was.

Het verhaal gaat dat hij tijdens die vermoeiende tocht dwars door het land tot in Koersk kwam, waar hij zijn moeder voor het laatst zou hebben omhelsd en aan zijn broer Alexis zou hebben voorspeld dat deze hem (na zijn dood) spoedig in het graf zou volgen, wat te zijner tijd ook is gebeurd. Maar men heeft nooit zijn gedachten laten gaan over de indruk die de lange tocht dwars door het Russische land moet hebben nagelaten bij een jongeman, getekend door het lijden en daardoor bijzonder ontvankelijk voor indrukken.

Was Rusland toen een gelukkig land? Is het dat ooit geweest? De lange regering van Catharina II, naar buiten schitterend, bracht over het reeds zo beproefde volk nog meer ellende. Is de Christus niet volledig mens geworden in zijn lijden? Een dichter schreef:"Gebogen onder het gewicht van het kruis,

> Met het uiterlijk van een slaaf,
> Hebt Gij, o Koning van de hemel,
> Heel onze aarde doorlopen,
> En haar gezegend."[6]

De voortdurende gedachte aan een landelijk koninkrijk, ideaal en heilig en met zijn 'bosrecht', bleef levend in de ziel van het volk, dat in zijn diepste wezen de droom bewaarde van een Russisch Jeruzalem met zijn Witte Tsaar en zijn Christus-Pelgrim.

Men kan zich afvragen of Vader Serafim zijn diepe kennis van het volksleven, waarvan hij later blijk zal geven, niet minstens gedeeltelijk heeft opgedaan tijdens die moeizame tocht door arme landen, onderdrukt door wrede onrechtvaardigheden, een tocht waarin hij wellicht ook in gezelschap was van die eeuwige pelgrims, onvermoeibare zoekers naar de waarheid.

In Sarov wordt hij tot diaken gewijd en opnieuw ontplooit hij veel ijver. Te veel naar het oordeel van sommige monniken. Heeft men ooit een diaken gezien die zich op de zondagse

---

[6] Tjoetsjev.

liturgie voorbereidt door in de kerk de nacht door te brengen in gebed, onbeweeglijk tot de morgen?

En is het officie beëindigd, dan aarzelt hij nog om heen te gaan! Verlangt hij als een zuivere geest de Heer voortdurend te dienen, zonder eten of drinken? "Het gebeurde", zo vertelde hij zelf, dat hij tijdens de koorzang engelen zag voorbijgaan. "Gekleed in witte gewaden, schitterend als bliksemstralen, gingen zij dwars door de kerk en zij zongen heel wat beter dan de monniken". Zeker, dachten dezen, de engelen nemen deel aan de viering van de Eucharistie, dat is orthodox. Bidt men niet luidop tijdens de Grote Vasten in de Liturgie van de Voorafgewijde Gaven: "Vandaag vieren de hemelse machten onzichtbaar met ons mee"? Maar is het nu geen overdrijving van Vader Serafim als hij beweert ze ook te zién? Prochoor de timmerman, die altijd zo rustige, sterke en evenwichtige mens, die goede werkman, zou hij nu veranderen in een van die zogenaamde 'mystieken' die door de strenge traditionele gematigdheid van het oosterse monnikendom als de pest werden gewantrouwd?

Op zekere dag, het was tijdens de zeer plechtige Liturgie van Witte Donderdag, gebeurt er het volgende. Hij heeft over de aanwezigen de zegenwens uitgesproken die eindigt met de woorden "en in de eeuwen der eeuwen". In plaats van zich terug te trekken zoals het ceremonieel dit voorschrijft, blijft Vader Serafim als aan de grond genageld staan, onbeweeglijk en totaal afwezig. Twee diakens die begrijpen dat er zich iets ongewoons heeft voorgedaan, nemen hem bij de arm en brengen hem achter de iconostase. Zijn onbeweeglijkheid duurt drie uur. Weer tot zichzelf gekomen verklaart hij aan zijn biechtvader en aan Vader Pachomios: "Ik was verblind als door een zonnestraal. Toen ik de ogen naar dat licht wendde, zag ik onze Heer en God, Jezus Christus in de gestalte van de Mensenzoon in zijn Glorie, schitterend in een onuitsprekelijk licht en omgeven door hemelse scharen:

engelen, aartsengelen, cherubijnen en serafijnen. Komend uit de westelijke poort, wandelend door het luchtruim, zegende Hij de celebranten en de aanwezigen. Dan ging Hij binnen in zijn icoon bij de Koningspoort, waarbij Hij van uiterlijk veranderde maar omgeven bleef door hemelse scharen, die door hun stralend licht geheel de kerk verlichtten. Wat mij, stof en as, betreft, ik kreeg een bijzondere zegen".

De oude monniken luisteren aandachtig naar hem. Dan, wijs en ervaren als ze zijn, waarschuwen ze hem ernstig voor visioenen in het algemeen en voor de bekoringen tot hoogmoed in het bijzonder.

Maar Vader Serafim is geen novice meer. Hij weet dat de nederigheid het cement is dat het bouwwerk van de geestelijke volmaaktheid bijeenhoudt. Maar hij weet tevens dat de mens, als hij eenmaal de weg van de vereniging met God is ingeslagen, niet meer kan stilstaan. "Als iemand zegt: 'Ik ben rijk, ik heb genoeg aan wat ik heb verworven, ik heb niets meer nodig', dan is hij geen christen, maar een vat van duivelse ongerechtigheid", schreef Makarios van Egypte. "Want de vreugde die men heeft in God is zodanig, dat men zich niet aan Hem kan verzadigen. Hoe meer men Hem smaakt en één wordt met Hem, hoe meer men naar Hem hongert".[7]

Vader Serafim was binnengetreden in die onzichtbare wereld waartoe slechts weinig mensen toegang hebben. Maar hij zegt niet: "Ik ben rijk." Integendeel, zijn dorst naar de beschouwing neemt slechts toe. Eenmaal priester geworden voelt hij niet minder de aantrekkingskracht naar de grote eenzaamheid van de ware woestijn. Is de contemplatie van een kluizenaar kostbaarder dan het 'eeuwig priesterschap volgens de orde van Melchisedek'? Een mysterie!

....

[7] *St. Maoaire d'Egypte.* Ed. Laure de la Sainte Trinité, 1904, p. 129.

Abt Pachomios sterft. De ziekte van de abt heeft Vader Serafim in het klooster gehouden. Nu de grijsaard, die hij als een zoon verzorgd heeft, eenmaal ontslapen is, vraagt hij aan zijn opvolger, Vader Hêsajas, verlof om zich in het woud terug te trekken, en voorzien van een vereiste officiële dispensatie verlaat hij het klooster. Men kent de datum van zijn vertrek: 20 november 1794, de vooravond van de Opdracht van de Heilige Maagd in de Tempel, juist zestien jaar na zijn intrede. Hij is vijfendertig jaar oud, volgens zijn eigen zeggen een belangrijke mijlpaal in het leven van een mens.

KLUIZENAAR

Er bestaat een brief van starets Païssy Velitsjkovsky over het kluizenaarsleven, geschreven aan een vriend, waarin staat: "Je moet goed weten, beste vriend, dat de Heilige Geest het monastieke leven heeft verdeeld in drie categorieën: het kluizenaarsleven, het samenleven van twee of drie broeders in een skit en het cenobietenleven. Het kluizenaarsleven is een bestaan ver van de mensen, in de woestijn. De kluizenaar vertrouwt alleen op God voor wat betreft het heil van zijn ziel, zijn voedsel, kleding en iedere aardse behoefte. Hij vertrouwt alleen op Hem in elke strijd van lichaam en ziel, want Hij alleen is zijn hulp en verwachting in deze wereld. Maar dat leven is slechts mogelijk voor geestelijk volgroeide mensen, voor hen die geheel tot vrede zijn gekomen. Wat de onervaren mensen betreft, die er zich al te lichtzinnig aan wagen, wee hen zo ze vervallen tot slaperigheid, onoplettendheid of in verwarring geraken. Er zal niemand gevonden worden om hen weer op te richten".[8]

....

[8] *Une lettre du staretz Païssy Velitsjkovsky sur la vie monastique*, I. Smolitch, Moines de la Sainte Russie. Mame, Paris, 1967, p. 89.

Vader Serafim heeft dit ondervonden. Eens waarschuwde hij: "Wie in kloosters leven, strijden met de vijanden van het menselijk geslacht als met duiven; de anachoreten als met leeuwen en luipaarden".

Maar wie zijn die "vijanden van het menselijk geslacht"? Tegen wie gaat die strijd in het ijle? Weet de mens uit de twintigste eeuw nog dat zijn bestaan er voor een groot deel van afhangt?

Volgens de mening der ouden werd het heelal bestuurd door geesten die de sterren bestuurden en "in de hemelen" of "in de lucht" zetelden. Ze vallen gedeeltelijk samen met wat de heilige Paulus "de elementen van het heelal" noemt (Gal. 4,3). Ontrouw aan God, hebben zij de mens aan zich willen onderwerpen in de zonde, en ze zijn erin geslaagd. Maar Christus is verschenen om de mensheid van hun slavernij te bevrijden en haar te ontrukken aan de heerschappij der duisternis. "Christus is de Eerstgeborene van heel de schepping; want in Hem is alles geschapen in de hemelen en op aarde, het zichtbare en het onzichtbare, tronen en hoogheden, heerschappijen en machten. Het heelal is geschapen door Hem en voor Hem (...) want in Hem heeft God willen wonen in heel Zijn volheid, om door Hem het heelal met Zich te verzoenen op de aarde en in de hemelen, en vrede te stichten door het bloed aan het kruis vergoten" (Kol. 1,15-20).

Volgens de heilige Paulus is door de Menswording, bekroond door de Verrijzenis, de menselijke natuur van Christus aan het hoofd geplaatst, niet alleen van heel het menselijk geslacht, maar tevens van het geschapen heelal, dat deel heeft in het heil evenals in de zonde, Deze algemene verzoening omvat zowel alle hemelse geesten, alsook alle mensen. Dit slaat niet op het individuele heil van allen, maar wel op het collectieve heil van de wereld door de terugkeer tot orde en vrede in de volledige onderwerping aan God.

Maar in afwachting van de eindoverwinning, die vreselijke dag van de zegevierende komst van de Heer, "wanneer Hij het koningschap aan God de Vader zal overdragen ... opdat God alles in allen zij" (1 Kor. 15,24-28), hebben wij nog strijd te voeren.

De zonde van de mens is een vloek geweest voor de aarde. Daarom moet hij werken aan haar verlossing. In de prachtige tekst uit de brief aan de Romeinen (8,19-23), die zo vaak wordt aangehaald, zegt de heilige Paulus: "De schepping verlangt vurig naar de openbaring van Gods kinderen ... Zij is niet zonder hoop, want ook de schepping zal verlost worden uit de slavernij der vergankelijkheid en delen in de glorierijke vrijheid van de kinderen Gods. Wij weten immers dat de hele natuur kreunt en barensweeën lijdt, altijd door. En niet zij alleen, ook wijzelf, die toch reeds de eerstelingen van de Geest hebben ontvangen, ook wij zuchten over ons eigen lot, zolang wij nog wachten op de verlossing van ons lichaam".

Hier ligt dus werk voor een mysticus en voor een kluizenaar. Het heil van de wereld hangt ervan af. Inkerend in zichzelf, zal hij zich opsluiten in de 'inwendige cel' van zijn hart, om daar 'dieper dan de zonde'[9] het begin te vinden van een opstijging; tijdens deze opvaart zal het heelal hem voorkomen als steeds meer één, steeds meer samenhangend en doortrokken van geestelijke krachten; één groot geheel in de hand van God.

DE 'KLEINE VERRE WOESTIJN'

Het woud dat Vader Serafim dient tot 'woestijn' is onmetelijk groot en somber. Sparren verheffen hun stam als scheepsmasten. Er zijn er met een omtrek van meerdere meters. Een bescheiden 'isba' op de steile oever van de rivier Sarovka, on-

---

[9] VLADIMIR LOSSKY, *Théologie Mystique de l'Eglise d'Orient*, Parijs, p. 101.

geveer zes kilometer van het klooster, dient hem tot kluis. In de ene hoek een icoon, in de andere een kachel, een blok hout bij wijze van stoel, dat is alles. Een bed? Nutteloos! Hij doopt het geheel als 'Berg Athos'.

Om zich te hoeden tegen verveling heeft een kluizenaar een zeer strak dagrooster nodig. De dag van Vader Serafim begint te middernacht. Hij volgt de Regel van de heilige Pachomios de Grote, van kracht bij de woestijnvaders. Om te beginnen bidt hij metten en lauden. Om negen uur is het de beurt aan terts, sext en noon. Op het einde van de namiddag zingt hij vespers en completen. Bij het vallen van de nacht reciteert hij de gebeden voor het slapengaan, waarbij hij zich dikwijls plat ter aarde werpt zoals de oosterse monniken dat gewoon zijn. Wat hij in de tussentijden ook doet, steeds geeft het ononderbroken gebed van het hart het ritme aan van zijn werkzaamheden. In zijn onmetelijk verlangen om alles tot Jezus terug te brengen, heeft hij aan de omgeving Bijbelse namen gegeven. Te 'Nazareth' zingt hij de 'akathistos-hymnen' tot de Heilige Maagd; op 'Golgotha' reciteert hij het zesde en negende uur; op de 'berg Tabor' leest hij het evangelie van de Gedaanteverandering en te 'Bethlehem' zingt hij het 'Eer aan God in den hoge'..

De eenvoudige en ongerepte Russische natuur gelijkt nochtans in het geheel niet op het verre Palestina. In de zomer daalt de zoetheid van de hemel neer over de roze stammen der naaldbomen en de zilveren stammen der berken, en spiegelt zich in het heldere water van de riviertjes met hun natuurlijke slingerloop. Allerlei veldbloemen vrolijken de open plaatsen op. Het woud geurt van de warme hars, van mos en paddenstoelen, het gonst van de talloze insecten die dansen in de zon. 's Nachts hoort men het gekwaak van kikkers in de verte, de kreet van reigers in de moerassen en alles overstemmend als een overwinning op de duisternis het doordringend concert der nachtegalen.

Vader Serafim bewerkt een moestuin. Als mest gebruikt hij het vochtige mos dat hij met naakt bovenlijf in de moerassen gaat zoeken. Aldus het 'opstandige vlees' blootstellend aan de steken van horzels en muskieten.

's Winters kleedt het woud zich in een hermelijnen mantel en krijgt het een ernstig en koninklijk uiterlijk. Onder hun sneeuwvracht buigen de takken der bomen zich als hovelingen bij het voorbijgaan van een vorst. In het kreupelhout hoort men het gedempte lopen der wolven. Terwijl de scherpe koude lucht zijn gezicht ruw maakt, klooft Vader Serafim met grote slagen het hout.

Dan komt de lente met een zachte bries, vol van de geur van smeltende sneeuw en opstijgend plantensap. Lente-Verrijzenis-Pasen. Vader Serafim verlaat zijn kluis om de eerste week van de grote Vasten door te brengen in het klooster, zonder enig voedsel tot zich te nemen, waarbij hij met zijn broeders het boetegebed van de heilige Efrem de Syriër herhaalt.[10]

"Het gebed en het vasten, de eenzaamheid en de onthouding vormen het vierspan dat de ziel meevoert naar het Koninkrijk Gods", zegt de bewoner van de 'Kleine Verre Woestijn'. Wat de lezing betreft, deze blijft een van de meest geliefde bezigheden van deze buitenmens. Het Evangelie dat hij meedraagt in een zak op zijn rug, vergezelt hem overal. Elke dag leest hij er enkele hoofdstukken uit om aldus zijn ziel te "voeden". Want "de ziel moet worden gevoed door het Woord Gods". "Men moet zich er aan wennen dat de geest wordt ondergedompeld in de Wet Gods", zal hij later onderwijzen. Zijn gesprek zal inderdaad ook dikwijls niets anders zijn dan een reeks parafrasen van Bijbelse teksten, vrij toegepast op de gegeven omstandigheden.

---

[10] Vgl. het gebed aan het einde van de *Geestelijke Onderrichtingen*.

"De mens heeft de Schrift nodig, aangezien hij nog niet in het bezit is van de Geest, die de dwalingen verwijdert. Maar als eenmaal de Geest zich van de mens heeft meester gemaakt, wortelen zijn voorschriften in hem, in plaats van de wet van de Schriften. Op geheimvolle wijze zal hij worden geleid door de Geest en zal hij geen enkele tastbare hulp meer nodig hebben. Zolang het hart leert, door tussenkomst van stoffelijke dingen, wordt de leertijd gevolgd door dwaling en vergetelheid. Maar als het onderricht komt van de Geest, blijft de herinnering eraan ongeschonden". Een gedurfde leer, een orthodoxe, die de kluizenaar van Sarov nooit helemaal in praktijk bracht daar hij tot aan zijn dood vasthield aan zijn dagelijkse lezing van de Bijbel; deze leer deelde hij echter met dat 'enfant terrible' van de Kerk, Simeon de Nieuwe Theoloog: hij die als gesprekspartner Degene heeft die de schrijvers van de Heilige Boeken heeft geïnspireerd (namelijk de Heilige Geest), die door Hem is ingewijd in de verborgenheden der mysteries, zo'n mens is voor de anderen een door God geïnspireerd boek",[11] schreef de abt van Sint-Mammas.

De eenzaamheid van een kluizenaar roept de komst van de Geest op en vergemakkelijkt deze. "Als de Geest neerdaalt mogen wij slechts luisteren, in absolute stilte", zal Serafim van Sarov later zeggen. "Zoals lezing overbodig wordt wanneer de Geest bezit heeft genomen van de mens, zo ook heeft het gebed bij zijn komst geen woorden meer nodig".

Heeft hij het stadium bereikt dat door Isaak de Syriër beschreven is, waarin de "stilte van hem die tot volmaakte rust gekomen is, zelf gebed is geworden"?

De Vaders Marcus en Alexander, kluizenaars zoals hij, verlangden Vader Serafim te groeten; soms vonden ze hem in

---

[11] St. Siméon le Nouveau Théologien. *Chapitres Théologiques, Gnostiques et Patristiques*. Cent. 3, Chap. 98-100, *S.C.* 51.

zijn moestuin met zijn schop aan zijn voeten, zijn blik strak naar de hemel gericht. Hij hoort noch het gezoem der bijen rond hem, noch de nadering der bezoekers. Begrijpend dat zijn geest was 'uitgegaan tot God', trekken zij zich stil terug. Maar vaak komen ook hinderlijke, minder bescheiden mensen de jonge kluizenaar lastigvallen met hun bezoeken en, tot zijn groot ongenoegen, onder hen ook vrouwen. Reeds in de vierde eeuw waren er Egyptische kameeldrijvers, die hun rijdieren verhuurden aan nieuwsgierigen die verlangden iets te zien van de levenswijze der woestijnvaders. Het was voldoende zich kluizenaar te noemen om niet meer alleen te kunnen blijven. Geprikkeld vraagt Serafim zijn oversten toestemming het pad naar zijn kluis met takken te mogen versperren en men stond hem dit toe.

DE KOSMOS

De Vaders bevestigen dat de Bijbel de sleutel vormt tot de 'Liber Mundi' (Het boek van de wereld). "De goddelijke barmhartigheid", zo zegt Sint Augustinus, "heeft de Bijbel geschonken aan de mensen, die 'andere wereld', om hun de gelegenheid te geven de zin van de wereld, 'dit eerste boek', opnieuw te begrijpen".

De overeenstemming tussen de Schrift en de wereld dringt zich aan ons op, zoals die tussen ziel en lichaam: hij die een diepe geestelijke kennis van de Schrift bezit, zal in de Geest het schouwen van de ware kosmos ontvangen. Was dat de reden waarom Vader Serafim het nuttig acht om in zijn eenzaamheid heel de Bijbel met aandacht te lezen? Volgens hem brengt dit soort oefening de wijsheid als beloning met zich mee.

Wij moeten daarbij niet vergeten dat ook het Jezusgebed dat de kluizenaar van Sarov onophoudelijk beoefent "een sleutel vormt die de wereld opent, een instrument van verborgen offergave, het drukken van een goddelijke stempel op al wat bestaat. De aanroeping van de Naam Jezus is een methode om het heelal te transformeren".[12] Degene die zonder ophouden bidt, verkrijgt de kennis van de taal der schepping. Hij hoort de lofprijzing der schepselen en begrijpt hoe het mogelijk is zich met hen te onderhouden.

DE DIEREN

"Te middernacht", zo vertelt vader Jozef, een ooggetuige, "omgaven beren, wolven, hazen, vossen, alsook hagedissen en reptielen van allerlei soort de kluis. Na zijn gebeden volgens de Regel van de heilige Pachomios te hebben beëindigd, ging de asceet naar buiten en begon ze te voeden". Een andere getuige, Vader Alexander, vroeg eens nieuwsgierig hoe het weinige droge brood uit zijn zak voldoende kon zijn voor zo'n aantal dieren. "Er is altijd genoeg", was het rustige antwoord van Vader Serafim. Een grote beer in het bijzonder genoot de speciale vriendschap van de heilige man. Uitgebreide verhalen over deze op het eerste gezicht weinig geruststellende ontmoeting met deze bosbewoner zijn door Vader Alexander en anderen nagelaten. Wat hun vooral trof was de vreugde die Vader Serafim dan uitstraalde. Glimlachend zond hij eens de beer uit voor een boodschap, en het beest kwam terug, lopend op zijn achterpoten, met een honingraat die de kluizenaar beminnelijk aan zijn bezoekers voorzette. Onder de afbeeldingen, die na de dood van Serafim van Sarov verspreid werden, zijn de meest populaire die waarop men hem ziet zitten onder een spar, terwijl hij een stuk brood geeft aan een beer.[13]

---

[12] *Un moine de l'Eglise d'Orient.*

[13] Ter herinnering aan Serafim van Sarov was de berenjacht in het woud van Sarov tot aan de Revolutie verboden. Geen enkel onaangenaam incident

"Wat is een liefdevol hart?" vraagt de heilige Isaak de Syriër zich af. Het is een hart dat van liefde brandt voor heel de schepping, voor de mensen, de vogels, de dieren, de demonen, voor alle schepselen.

"Wie zo'n hart bezit, kan niet aan een schepsel denken of ernaar kijken zonder dat zijn ogen zich met tranen vullen ten gevolge van het onmetelijke medelijden dat zijn hart aangrijpt. En het hart wordt zacht en kan het niet meer uithouden als hij ziet of hoort spreken van enig lijden, al was het maar een klein verdriet dat een schepsel wordt aangedaan. Daarom zal zo iemand niet ophouden te bidden, ook voor de dieren, voor de vijanden van de Waarheid en voor hen die hem kwaad doen, opdat zij bewaard en gezuiverd zouden worden. Hij bidt zelfs voor de reptielen, bewogen door een medelijden dat opkomt in het hart van hen die gelijkvormig worden aan God".[14]

In navolging van Makarios van Egypte, Sint Franciscus van Assisi en Sergius van Radonez, brengt ook Serafim van Sarov deze prachtige tekst tot leven.

DE DUIVEL

Maar de natuur is niet altijd meegaand. Lang zijn de winternachten wanneer een ijzige wind waait, wanneer men het geweldige klagen van de oude sparren hoort en de wolven in troepen huilen. De duivel tracht het hart van de asceet

---

heeft zich ooit voorgedaan. Op het eiland Patmos in Griekenland leefde er in een grot een kluizenaar (gestorven in 1917) in gezelschap van een groot aantal adders. Later, oud geworden, voedde hij voor zijn cel een grote slang die iedere dag op het middaguur zijn rantsoen melk kwam drinken die de heilige man hem aanbood op een schoteltje.

[14] *Isaac le Syrien.* Uitg. A.J. Wensinck, p. 341.

in verwarring te brengen door schrik en angst. De duivel? Maar die bestaat niet, zal met een schouderophalen een man van de twintigste eeuw zeggen, zelfs als hij christen is. Dat is geenszins de mening van de kluizenaars en heiligen en zij konden het weten. Aan een jongeman die hem zijn twijfels betreffende het bestaan en de macht van de duivel uitte, antwoordde Serafim van Sarov spottend: "Wat leert men u op uw universiteiten? Dat hij wel degelijk bestaat!" En een onbescheiden persoon die hem vroeg of hij dan de duivels wel eens gezien had, antwoordde hij kortaf: "Zij zijn verachtelijk!"

Juist zoals zijn geestelijke voorvaderen in Egypte en Syrië, zoals Christus zelf in de woestijn, werd Serafim van Sarov in het woud aangevallen en bekoord door de duivel. Welke wapenen moet men tegen hem opnemen? Christus heeft gezegd: "Dit soort kan alleen overwonnen worden door gebed en vasten" (Mc. 9,28).

HET VASTEN

Vader Serafim hecht groot belang aan het vasten. "Onze Heer Jezus Christus", zegt hij, "heeft, alvorens zijn dienstwerk voor het heil van het menselijk geslacht te beginnen, zich gesterkt door een langdurige vasten. En alle asceten hebben, toen zij zich aan de dienst van de Heer gingen wijden, deze kruisigende weg slechts betreden na eerst te hebben gevast. Hun vordering op deze weg maten zij af naar de vordering die zij maakten in het vasten". Wat is zijn voedsel, nu hij zelf kluizenaar is geworden? Een beetje brood, dat door het klooster wordt bezorgd maar waarvan het grootste deel naar de dieren gaat, en wat aardappelen, uien en bieten die hij oogst uit zijn eigen moestuin. Mettertijd beslist hij het brood wel te kunnen missen. Later houdt hij er ook mee op groenten te telen.[15]

Maar waarmee voedt hij zich dan? Met een soort gras dat zevenblad wordt genoemd. "Ik plukte het en deed het in een potje; ik voegde er wat water bij en zette het op de kachel: het werd een heerlijk soepje. Ik droogde er wat van voor de winter en de broeders vroegen zich af wat ik toch wel at! Ik at zevenblad, maar," zo besloot Vader Serafim ondeugend, "ik heb het niemand verteld".

Welke zijn nu de gevolgen van een dergelijk regime? "Door zo te vasten wordt het lichaam van wie vast doorschijnend en licht, het inwendig leven vervolmaakt zich en openbaart zich door wonderbare visioenen; de uitwendige gewaarwordingen zijn als weggevaagd en het verstand, dat de aarde verlaten heeft, verheft zich naar de hemel en dompelt zich geheel in de beschouwing van de geestelijke wereld".

HET GEBED

Hij vastte dus. En wat het gebed betreft: was het wellicht om de duivel te dwarsbomen dat deze man, die reeds zonder ophouden bad, een buitengewone daad stelde die hem deed gelijken op de vroegere zuilbewoners van wie Simeon de Styliet in de vijfde eeuw de beroemdste was? Gedurende duizend dagen en duizend nachten, staande of geknield op een grote platte steen of in een kuil, gegraven onder zijn isba, riep Serafim van Sarov als de tollenaar uit het Evangelie: "Heer Jezus, ontferm U over mij, zondaar". Niemand zal ooit te weten komen op welke verschrikkelijke beelden, op welke bekoringen, subtiel en vreselijk, deze noodkreet een antwoord was. Maar

....

[15] Vgl. Het leven van de heilige Hilarion van Gaza uit de vierde eeuw.

Christus was daar. "Wie zal ons scheiden van de liefde van Christus?" riep de heilige Paulus uit. "Verdrukking wellicht, of nood, vervolging, honger, naaktheid, levensgevaar of het zwaard? ... Ik ben ervan overtuigd dat noch de dood noch het leven, noch engelen noch boze geesten, noch wat is noch wat zal zijn, en geen macht in den hoge of in de diepte, noch enig wezen in het heelal, ons zal kunnen scheiden van de liefde Gods die is in Christus Jezus onze Heer (Rom. 8,35.38-39).

Toen Serafim op de vooravond van zijn dood een novice uitzond om de steen te halen waarop hij zich zo lang overeind had gehouden en de mensen in bewondering stonden voor zijn heldendaad, antwoordde hij: "Simeon de Styliet is zevenenveertig jaar overeind gebleven op een kolom. Wat heb ik in vergelijking daarmee gedaan?"–"Voelde u de goddelijke genade?"–"Zeker, de menselijke krachten zouden onvoldoende zijn". En hij voegde als een echo van de vurige liefdesverklaring van de heilige Paulus eraan toe: "Als het hart vol is van aanbiddende tederheid, dan is God aanwezig".

VERGEVING VAN BELEDIGINGEN

Was de duivel definitief overwonnen? Kon een gebeurtenis die zich spoedig daarna voordeed, gelden als een laatste wraakneming van diens kant? Zijn tijdgenoten hebben haar in ieder geval in deze zin uitgelegd.

Op 12 september 1804 is Vader Serafim bezig hout te hakken in het woud, wanneer er drie mannen naderbij komen en brutaalweg geld eisen. Op zijn antwoord dat hij dit niet heeft, zeggen ze: "Maar de mensen komen je bezoeken, ze moeten je toch geld gegeven hebben!"–"Ik neem nooit iets van iemand aan", antwoordt de kluizenaar. Daarop werpt een van hen zich van achteren op hem, maar in plaats van hem omver te werpen, valt deze zelf. Het is bekend dat Vader Serafim fysiek uitzonderlijk sterk was. De gedachte aan zelfverdediging komt even bij hem op; hij heeft zijn bijl in de hand. Maar op hetzelfde ogenblik houdt de herinnering aan het lijden van Christus hem tegen. Hij laat zijn bijl vallen, kruist zijn armen over de borst en zegt: "Doet waarvoor jullie bent gekomen". Een van de kerels raapt het werktuig op en slaat hem ermee op het hoofd. Vader Serafim zakt in elkaar en raakt buiten kennis. Terwijl ze niet ophouden hem met vuisten, voeten en stokken te slaan, sleuren de rovers hem vervolgens naar zijn kluis, binden hem vast met de bedoeling hem in de rivier te gooien; wanneer ze echter menen dat hij dood is, laten ze hem aan zijn lot over om haastig op zoek te gaan naar de gehoopte schat. Ze halen de kachel uit elkaar, stampen de vloer in: niets! In een hoek vinden ze twee of drie aardappelen, dat is alles. Vanaf de muur kijkt een icoon van de Heilige Maagd op hen neer. Opeens raken de rovers in paniek en gaan er vandoor.

Maar Vader Serafim is niet dood. Wanneer hij weer is bijgekomen, slaagt hij erin zich van de boeien te bevrijden. Gelukkig komt er juist een monnik voorbij, die de abt gaat waarschuwen. Men vervoert de gewonde, die er verschrikkelijk uitziet, naar het klooster. Niemand die hem zo zag, overdekt met bloed, slijk en stof, kon aannemen dat hij het zou overleven. Uit plichtsgevoel laat men dokters komen. Dezen constateren een schedelbreuk, een ingeslagen borstkas, gebroken ribben, zonder nog te spreken van de talloze verwondingen. Ontreddrd bij het zien van zoveel ellende verklaren de doktoren toch, trouw aan de methoden van die tijd, dat men een aderlating zou toepassen. Abt Hêsajas verzet zich ertegen; zijn gezond verstand zegt hem dat de ongelukkige al genoeg bloed heeft verloren. De beslissing wordt aan Vader Serafim zelf overgelaten.

In zijn cel houden de geneesheren een zeer ernstig beraad in het Latijn. Ondertussen valt de gewonde zelf zachtjes in slaap. In deze lichte sluimering ziet hij de Heilige Maagd Maria binnenkomen, juist zoals zij dat vroeger tijdens zijn ziekte eens had gedaan, stralend in heerlijkheid en gehuld in haar koningsmantel. Zij is vergezeld van de apostelen Petrus en Johannes. Zij komt bij de stervende staan en wendt zich naar de geneesheren met de woorden: "Waarom al die moeite gedaan?" En terwijl zij naar de gewonde asceet kijkt, herhaalt zij de geheimzinnige woorden die al eens over hem gezegd waren: "Hij is van ons geslacht". Hij opent de ogen en zij is verdwenen.

In een toestand van gelukzalige opwinding, die ongeveer vier uur duurt, weigert Vader Serafim de bijstand van de geneesheren; vervolgens, rustiger geworden, staat hij op. En tot grote verwondering van allen doet hij in zijn cel enkele passen en neemt voor het eerst in acht dagen een beetje voedsel aan: wat zuurkool en brood.

Vanaf dit moment wordt zijn gezondheid aanmerkelijk beter. Vijf maanden later vraagt hij de zegen van de abt om weer terug te mogen keren naar zijn 'Kleine Verre Woestijn'. Maar Vader Hêsajas aarzelt. De kluizenaar is niet meer de stoere atleet die men kende van voor de aanslag, maar, ofschoon pas tegen de vijftig, reeds een gebogen grijsaard, moeilijk lopend, steunend op zijn bijl of stok. Zo is hij blijven voortleven in de herinnering van zijn tijdgenoten: "een kleine, oude, gerimpelde grijsaard, spierwit en schraal, gekleed in een witte jas zonder mouwen".

Intussen zijn de schuldigen gevonden, drie boeren uit een naburig dorp, Kremenok. Vader Serafim verzet zich er hevig tegen dat men hun ook maar de minste tuchtiging zou toedienen. Maar een van die vreselijke branden, die de hutten van de Russische dorpen vernietigde, verwoest Kremenok. De huizen van de boosdoeners vallen ten prooi aan de vlammen. "Het is de straf van de hemel", is het oordeel van het volk. Gods straffende hand hierin erkennend, komen de arme drommels zich vol berouw neerwerpen voor de voeten van de heilige man die zij hadden willen vermoorden.

De vergeving van beledigingen is voor de gelovige Rus steeds de ware toetssteen geweest van zijn authentiek christen-zijn. Kort na de doop van het land door vorst Vladimir, lieten zijn twee jeugdige zonen, Boris en Gleb, zich na de dood van hun vader (+1015) vermoorden door afgevaardigden van een oudere broer, die bang was voor hun overwicht. Ze waren jong en schoon en vol levenslust. Hun soldaten vroegen slechts hen te mogen verdedigen. Maar liever dan bloed te vergieten in een broederstrijd, boden zij niet de minste weerstand als lammeren die ter slachtbank worden geleid. Het Russische volk dat pas zo kort tevoren tot het christendom was bekeerd, begreep hun houding en vroeg om hun heiligverklaring. De Byzantijnen waren erover verwonderd. Deze jonge prinsen waren noch belijders, noch leraren, noch martelaren in eigenlijke zin. Ze waren "strastoterptsi"–"die de passie hebben ondergaan", antwoordden de Russen. Anders gezegd: hun ongekunstelde heldhaftigheid werd door hun landgenoten juist daarom zo gewaardeerd omdat zij (de landgenoten) wars waren van grootse gebaren en theatrale houding; dit gaf hun onmiddellijk een plaats onder de meest geliefde heiligen. Men ziet ze op iconen, zij aan zij, rijdend op vurige strijdpaarden, in de kleur van de nacht, de kleur van de dageraad, terwijl vanuit de hoge hemel de hand van Christus hen zegent. Door tussenkomst van deze onschuldigen deed de lijdende, geduldige en zachtmoedige Christus vanaf het begin zijn intrede in de Russische Kerk, om haar niet meer te verlaten. Al wordt ze vervolgd, zij vervloekt haar vijanden niet. Een van onze tijdgenoten, Silouan van de Athos, die in geur van heiligheid stierf op het schiereiland van de Heilige Maagd (in 1938), schreef: "U vraagt hoe ik de vijand die onze Kerk vervolgt zou beminnen? Dan antwoord ik: Je arme ziel heeft God niet gekend en niet begrepen wat het zeggen wil: hij bemint ons met een oneindige liefde, Hij wenst en verwacht dat alle mensen de zaligheid zouden vinden. De Heer is liefde en Hij heeft op aarde de Heilige Geest geschonken die de ziel leert de vijanden te beminnen en haar de kracht schenkt te bidden, opdat ook zij gered worden".[16]

De daad van Serafim van Sarov wordt dikwijls aangehaald als een voorbeeld, en dit voorbeeld werd nagevolgd. Het vergeven van beledigingen breekt de helse keten van de wet van de vergelding, de bloedwraak. "Het is voldoende hun te vergeven die ons hebben beledigd en de ziel is verheugd, alsof een knoop die niemand kon ontwarren, was losgemaakt". Aldus schreef in zijn "Geïmproviseerde gedachten" André Siniavsky die in onze tijd tot zeven jaar dwangarbeid in een concentratiekamp werd veroordeeld.

DE STILTE

Teruggekeerd in zijn 'Kleine Verre Woestijn', zoals men de kluis noemt vanwege de afstand die haar scheidt van het klooster, wijdt de kluizenaar zich aan een nieuwe vorm van ascese: hij treedt binnen in de stilte. Na de dood van zijn eerste overste, Vader Pachomios, is hij een leven als kluizenaar begonnen en nu sluit hij zich op in een volledig stilzwijgen na de dood van diens opvolger Vader Hêsajas. Deze twee ouderlingen, "vuurzuilen die opstijgen van de aarde tot de hemel" zoals hij hen noemde, hadden deze monnik aangenomen, geleid en begrepen, deze monnik van uitzonderlijk formaat die Prochoor Mosjnien was geworden. Met de jongere generatie waren de banden verslapt. Men stelt hem kandidaat voor het ambt van overste, doch hij weigert. De econoom Nifontes wordt in zijn plaats gekozen. Op geestelijk vlak voor hem een vreemde!

---

[16] *Starets Silouane.* Ingeleid door de priester-monnik Sophrony, p. 157 (Russisch).

Isaak de Syriër[17] heeft geschreven: "Verkies de ledigheid van de stilte boven de activiteit van hongerigen te spijzen". Wel een schokkende uitspraak voor onze activistische en drukdoende wereld. Dit wordt echter wel getemperd als men bedenkt dat de ascetische taal twee betekenissen hecht aan het woord 'stilte'; de ene bedoelt eenvoudig de afwezigheid van woorden, de andere een volledige leegte die de mens in zijn binnenste schept om zich door God te laten vullen. Van deze stilte sprak de Syriër, van deze stilte verlangde de kluizenaar van Sarov vervuld te worden. "De stilte is een mysterie van de komende eeuw: de woorden zijn werktuigen van deze wereld", verzekert de Syriër. Serafim van Sarov voegt hieraan toe: "De absolute stilte is een kruis waarop de mens zich vasthecht met al zijn hartstochten en zinnelijke begeerten".

Niemand zal ooit weten hoe hij het mysterie van deze stilte beleefde. Hij heeft zich totaal van de wereld afgesneden. Wanneer hij iemand in het bos ontmoet, valt hij op de knieën met het gelaat tegen de grond en hij blijft in die houding tot de voorbijganger zich verwijderd heeft. Eens per week, op zondag, brengt een monnik hem een beetje voedsel. Alvorens naar binnen te gaan spreekt hij het gebruikelijke gebed uit. Na inwendig 'Amen' geantwoord te hebben, doet de zwijgende open en blijft op de drempel staan, de armen gekruist over de borst, de ogen neergeslagen. Na een kort gebed en een diepe buiging legt de monnik het voedsel dat hij heeft meegebracht op een bord, waarop de kluizenaar op zijn beurt een stukje brood heeft gelegd of wat zuurkool, om te laten zien wat de volgende zondag moet worden gebracht. Nadat de monnik nogmaals heeft gebeden, buigt hij zich voor Vader Serafim, waarna hij de kluis verlaat zonder de klank van zijn stem te hebben gehoord. Een ascetisch gebarenspel dat twee jaar zal duren.

....

[17] *Isaac le Syvien. Homélie 56, geciteerd door N. Levitsky in: La vie de Notre Père Sêraphim de Sarov. Ed. Mt. Athos, Moskou, 1905, p. 89.*

DE VREDE

Wat was nu volgens Vader Serafim de vrucht van deze nieuwe ascese? De vrede. De Vrede van Christus die elk begrip te boven gaat. Vrede die kostbaarder is dan alle juwelen van de wereld. Om deze te verkrijgen zijn lange jaren van zware inspanning niet te veel. "Niets gaat boven de Vrede van Christus", zal Serafim zeggen. "Ik smeek je, mijn vreugde, verwerf de geest van vrede. De mens die deze geest bezit, wordt door niets verontrust. Hij is als doof en stom, ja, als gestorven wanneer droefheid, laster en vervolgingen op hem neerstorten, die iedere christen, wil hij Christus volgen, noodzakelijkerwijs moet ondervinden en doormaken. Want we moeten langs de weg van vele beproevingen binnengaan in het Rijk der hemelen. Zo zijn de rechtvaardigen binnengetreden in dit Rijk, waarmee vergeleken alle glorie van deze wereld niets is. Alle genietingen van deze wereld zijn zelfs niet een schaduw van het geluk dat in de hemel is bereid voor hen die God beminnen. Daar is eeuwige vreugde, overwinning en feest". En dan voegt hij er iets aan toe dat ons, nuttigheidsmensen, onverwachts verzoent met wat wij geneigd zijn te doodverven als belachelijke mystiek, overtollig en onmenselijk: "Verwerf de innerlijke vrede en duizenden rondom u zullen het heil vinden". Nu zijn we er! Eindelijk! Hier is dan iets dat zoveel jaren van harde ascese, van moeilijke opgang rechtvaardigt en verklaart. "Duizenden rondom u zullen het heil vinden", zullen reeds op aarde die vrede vinden die door geen weldadigheidscomité, door geen psychiatrische kliniek kan worden gegeven, die Vrede welke alleen Christus bezit en die Hij doorgeeft langs zijn dienaren; die Vrede die duizenden ongelukkigen, die hongeren naar recht en vaderlijke tederheid, zullen komen zoeken. Is deze zwijgende mens reeds in staat om deze Vrede te verspreiden? Nog niet helemaal... Maar de monniken ergeren zich. Waarom, zo vragen zij zich af, komt Vader Serafim niet meer communiceren in de zondagsliturgie, zoals vroeger? Is hij zo verwaand dat hij wil doen geloven dat engelen hem in de woestijn de heilige Pafnutius wordt verteld?[18] Men wist dat door het lange staan zich op zijn benen spataderen hadden gevormd die open wonden tot gevolg hadden. Werd daardoor de wekelijkse tocht naar de kerk, die toch op zes kilometer afstand gelegen was, niet te zwaar voor zijn krachten? De nieuwe overste roept de broeders in kapittel bijeen. Besloten wordt aan de kluizenaar een ultimatum te zenden: alle zon- en feestdagen de Eucharistie komen vieren, ofwel, als zijn gezondheid dat niet toelaat, naar het klooster terugkeren.

De eerste keer dat de monnik die het voedsel komt brengen de boodschap meedeelt, luistert vader Serafim en laat hem zonder een woord weer vertrekken. De volgende zondag wordt het voorstel herhaald. Na een week in gebed te hebben doorgebracht, heeft de kluizenaar zijn besluit genomen. Hij zegent de boodschapper en volgt hem zonder een woord te spreken. Het is 8 mei 1810. Het woud zingt de lente. Langs het voetpad beginnen de lelietjes-van-dalen te bloeien. Steunend op zijn stok, zijn zieke benen smartelijk meeslepend, gaat Vader Serafim de moeilijkste van al zijn ascetische oefeningen tegemoet.

AFGEZONDERD

"Voor de monnik is gehoorzaamheid belangrijker dan vasten en gebed". Dit had Vader Serafim gezegd en hij handelde

....

[18] In het leven van de heilige Onufrius (gedenkdag 12 juni) vindt men de beschrijving van de reis van de heilige Pafnutius naar de woestijn waar in de vierde eeuw talrijke kluizenaars leefden. Op een vraag van de heilige Pafnutius betreffende de sacramenten antwoordde de heilige gaven te brengen en "geef mij de heilige Communie. Geef niet alleen aan mij de heilige Communie maar ook aan de andere asceten".

ernaar. Uit gehoorzaamheid verlaat deze in ascese vergrijsde mens van over de vijftig zijn schuilplaats in het woud, waar hij zestien jaar lang heeft doorgebracht met de lof te zingen van zijn Heer en God. De tijd van stilte die hem door de Geest is opgelegd is nochtans nog niet geëindigd. Maar hoe moet hij daarin volharden in een klooster vol activiteit, lawaaierig en overvoerd met bezoekers en pelgrims? Hij vraagt aan zijn abt de zegen om zich te mogen opsluiten in zijn oude cel en daar de sacramenten te mogen ontvangen.

Die cel was een vertrekje met laag plafond, slecht verlicht door twee smalle vensters, die uitzicht gaven op een holle weg. Het interieur deed door zijn armoede denken aan dat van de Kleine Verre Woestijn: in een hoek een icoon van de Heilige Maagd, met een altijd brandend lampje, een blok hout als stoel, een kachel, die nooit dienst deed, en voor die lege kachel enkele stukken brandhout. In het voorportaal, dat hij met een buurman deelt, bewaart Vader Serafim een doodskist van ruw eikenhout, waarvoor hij zelf de stam van een dikke boom had uitgehold. Zijn buurman, broeder Paulus, een eenvoudig man met een zuiver hart, brengt hem eens per dag zijn voedsel. Evenals in de woestijn spreekt hij een gebed uit voor de gesloten deur. Als de afgezonderde de deur opent, laat hij hem niet eens meer zijn gezicht zien. Zijn hoofd bedekt hij met een doek, gaat op de knieën liggen, neemt de schotel aan en brengt die naar binnen. Na te hebben gegeten zet hij de schotel opnieuw voor de deur, zonder zijn gezicht te laten zien. Het menu is steeds hetzelfde: wat gedroogd havermeel en zuurkool.

Christus was gehoorzaam tot in de dood. Uit gehoorzaamheid heeft Serafim van Sarov de majestueuze stilte van het woud verwisseld voor het rumoer van een druk huis; de naar hars geurende lucht en de gloed van de ondergaande zon over de slanke pijnbomen, tegen een stoffig, somber kamertje met laag plafond. Zestien jaar blijft hij daar opgesloten.

Wat deed hij daar? Meer dan ooit verdiept hij zich in de lezing van de Bijbel. In één week leest hij het gehele Nieuwe Testament.[19] Soms geeft hij met luide stem een commentaar op zijn lezingen. De monniken komen luisteren en trekken daar zeer veel geestelijk voordeel uit. Ook heeft hij visioenen. Een van de visioenen bracht hem, zoals de heilige Paulus, in de "hemelse woning". Met lichaam of zonder lichaam, hij wist het niet. Zo verlopen er vijf jaren. Op een dag opent de afgezonderde de deur zonder uit zijn cel te komen. Wie hem willen zien mogen binnenkomen. Maar steeds zwijgend gaat hij voort met zijn dagelijkse bezigheden. Weer vijf jaar later begint hij te antwoorden op vragen en raad te geven. In het begin zijn het alleen de monniken die hem bezoeken. Spoedig worden ze gevolgd door leken. De Heilige Maagd zelf had aan de afgezonderde bevel gegeven ze te ontvangen. De vloed houdt niet meer op. Maar hijzelf komt nooit buiten zijn somber verblijf. Het gebrek aan frisse lucht en beweging veroorzaken een ondragelijke hoofdpijn. 's Nachts gaat hij soms heimelijk naar buiten. Men heeft hem een of twee keer bij het kerkhof gezien, iets zwaars meedragend en het Jezus-gebed mompelend. "Ik ben het, ik ben het, de arme Serafim, zwijg, mijn vreugde", zei hij. Toen hij zijn krachten voelde afnemen, vroeg hij God toestemming zijn afzondering te mogen beëindigen. En de toestemming werd gegeven. Op 25 november, de dag dat men de heilige Clemens van Rome en Petrus van Alexandrië herdenkt, verschijnt de Heilige Maagd, vergezeld van hen beiden, aan Vader Serafim tijdens zijn slaap en machtigt

....

[19] Elke maandag las hij in zijn geheel het Evangelie volgens de heilige Mattheüs, dinsdags het Evangelie volgens de heilige Marcus, 's woensdags dat van de heilige Lucas en donderdags het vierde Evangelie volgens de heilige Johannes. De laatste twee dagen wijdde hij aan de lezing van de Handelingen van de Apostelen en de Brieven.

hem zich naar zijn kluis te begeven. Na de zegen van de abt verkregen te hebben, vertrekt de afgezonderde na zestien jaar vrijwillige gevangenschap, openlijk op klaarlichte dag, in de richting van het woud.

2
IN HET VOLLE LICHT

TERUG IN DE TIJD

"Er komt zoveel volk voor Vader Serafim", zegt abt Nifontes, met kennelijke tegenzin, "dat men vóór middernacht de poorten van het klooster niet eens kan sluiten".

Vanaf het ogenblik dat Serafim van Sarov, opnieuw vrij, zijn tijd verdeelt tussen het woud en zijn kloostercel, houdt hij in feite op aan zichzelf toe te behoren. Voortaan behoort hij toe aan de menigte. Hij is nu zesenzestig jaar oud. De zestien eerste jaren van zijn religieus leven heeft hij doorgebracht in het klooster. Op rijpere leeftijd, vanaf zijn vijfendertigste jaar, heeft hij zich in het woud verborgen, waarna hij gekozen heeft voor een afzondering van zestien jaar in zijn kloostercel. Bijna een halve eeuw van voorbereiding op een dienstwerk dat acht jaar zal duren. Heeft hij die halve eeuw nu buiten de tijd geleefd? In de spaarzame inlichtingen die men over hem bezit, is niet de minste invloed van de gelijktijdige gebeurtenissen te bespeuren op de geestelijke vorming van Serafim van Sarov. In die tussentijd heeft de geschiedenis nochtans niet stilgestaan.

Juist op het ogenblik dat hij zich terugtrok in het woud was te midden van veel onrust de schitterende regering van

Catharina geëindigd. De eerste maten van de Marseillaise hadden de keizerin met angst vervuld. Om de conservatieve adel haar haar schriftelijk geflirt met Voltaire en Diderot en haar lezing van 'L'Esprit des Lois' van Montesquieu te doen vergeven, bond zij de boeren definitief aan het land, door de lijfeigenschap van vroeger om te vormen tot echte slavernij. De gelukkig korte regering van haar zoon Paul, de gekroonde Pruisische korporaal, die overal Jacobijnen zag en schrik en angst om zich heen zaaide, eindigde met een tragische moord (1801). Hij werd opgevolgd door de aanbeden kleinzoon van de grote Catharina, de vierentwintigjarige Alexander I, die als bevrijder werd toegejuicht. Opgevoed door een Zwitserse leermeester, volgeling van Rousseau, knap, elegant en hoffelijk, vervulde de nieuwe monarch de harten van de jonge, vrijdenkende adel met hoop. Zijn bewonderaars noemden hem 'onze Engel'; zij die hem wantrouwden 'de charmerende sfinx'! Geheel opgaande in de Europese politiek streed hij nu eens tegen Napoleon, om zich dan weer met hem te verzoenen.

Serafim van Sarov had zich in de stilte teruggetrokken toen in 1812 Moskou in vlammen opging en het Grote Leger door de sneeuw werd verzwolgen. Tenslotte overwinnaar, werd 'de Engel' een grote teleurstelling. Dromend van een verenigd Europa avant la lettre, oecumenisch vóór de tijd, zelf bedrogen door Von Metternich en de Heilige Alliantie, zocht hij de orthodoxie bij een archimandriet van slecht allooi, Photius, de mystiek bij een mevrouw Kruedener, om uiteindelijk ontgoocheld onder invloed te geraken van een werkelijk monster, de enige in wiens trouw hij geloofde, de sadistische en reactionaire generaal Arakkejev.

Het einde van deze vorst met zijn halfslachtig karakter, van deze Janus met het dubbele gezicht, blijft een mysterie dat de geschiedenis maar moeilijk tot klaarheid kan brengen. Stierf hij nog jong, zoals de officiële berichtgeving het wil, in het stadje Taganrog, bij de zee van Azov, waar de wankele gezondheid van de keizerin schijnbaar het geschikte klimaat vond? Of liet hij, zoals sommigen zeggen en zoals de Russische spiritualiteit zou willen geloven, in een doodskist in plaats van zijn eigen lichaam dat van een zojuist overleden soldaat leggen en ging hij als pelgrim zonder geld en zonder paspoort, langs de wegen van zijn onmetelijk keizerrijk, om in Siberië te belanden, waar hij nog lange jaren leefde onder de naam 'starets Feodor Koezmitsj'? Hoe onwaarschijnlijk een westerling dat ook in de oren mag klinken (stel u eens een Louis-Philippe voor met een bedelzak van een pelgrim), toch heeft de tweede versie kans de juiste te zijn.

DE KEIZER

Het was 1825, het jaar waarin Serafim van Sarov zijn afzondering beëindigde. Jaren later vertelde een monnik aan een marineofficier, die in de Woestijn van Sarov was ingetreden, hoe het hem op zekere dag opviel dat Vader Serafim met meer dan gewone zorg zijn cel aan het schoonmaken en - vegen was. Bij het vallen van de avond hield een 'troïka' (Russisch driespan) stil voor de stoep. De officier die uitstapte werd door de starets die hem kwam verwelkomen met een diepe buiging begroet. Beiden trokken zich terug in de cel van de monnik en verbleven er bijna drie uur met gesloten deuren. Het was al nacht toen de onbekende buiten kwam en zijn plaats in de koets weer innam. De starets vergezelde hem en sprak vanaf de stoep bij wijze van afscheid deze geheimzinnige woorden ui: "Herinnert u, Sire, wat ik u heb gezegd, en doe het ook". De nieuwsgierig geworden monnik zou zich hebben verborgen en het zo hebben gehoord.[20]

....

[20] E. POSSELIANINE, *La Légende du Staretz Séraphim et de l'Empereur Alexandve I*. St.-Petersburg, *1903 (Russisch)*.Dit verhaal krijgt een zekere

DE STARETS

'Starets', zo noemt men voortaan de kluizenaar van Sarov. Letterlijk wil dat zeggen 'oudere', in het Grieks 'yerontas', wat de monastieke term is voor 'geestelijke vader'. De heilige Paulus beriep zich op dit vaderschap toen hij aan de Korintiërs schreef: "Ik heb u in Christus verwekt" (1 Kor. 4.15), en ook aan de Galaten:

"Kinderen, ik moet opnieuw weeën om u doorstaan" (Gal. 4,19). In de oosterse kloosters waren het 'ouderen' die de novicen vormden. Grote heiligen zijn gevormd door 'startsi'. Simeon de Nieuwe Theoloog verklaart dat hij alles te danken heeft aan zijn staret, Simeon de Vrome. Maar in Rusland werd de 'startsjestvo', de taak van de starets, opnieuw tot leven gewekt op het einde van de achttiende eeuw door Païssy Velitsjkovsky. Het werd, zou men kunnen zeggen, een echte instelling die in de geschiedenis van het land een belangrijke

---

betekenis door het feit dat de keizer gedurende twee dagen afwezig was in de stad Nizjnij-Novgorod, die op zestig kilometer afstand van Sarov ligt, en waar hij toen verbleef. Het tijdrooster van de keizer geeft geen verantwoording van deze twee dagen. Alexander hield ervan om heimelijk te werk te gaan. Zo bezocht hij dikwijls, innerlijk gekweld als hij was, monniken die vanwege hun gebedsleven enige bekendheid genoten. Het is mogelijk dat hij over de kluizenaar heeft horen spreken door de edelen van zijn omgeving, de eigenaars van de omliggende gronden. Het traject van Nizjnij-Novgorod naar de Woestijn van Sarov vroeg, gezien de slechte toestand van de wegen, niet minder dan twee dagen. Zou de 'nederige' Serafim, in het bezit van de Vrede van Christus, zijn raad hebben gegeven, alsook zijn zegen aan de vorst, die meester was over een zesde deel van de aarde, maar die op het toppunt van zijn roem de afgrond had doorschouwd van alle ijdelheden? Men kan het evenmin bevestigen als ontkennen. (Maurice Paléologue, ambassadeur van Frankrijk te St. Petersburg, publiceerde te Parijs, na de Revolutie van 1917, een boek dat tot doel had te bewijzen dat starets Feodor Koezmitsj en keizer Alexander I een en dezelfde persoon waren.) Later trad de keizerlijke familie in contact met Feodor Koezmitsj die tot op hoge leeftijd in Siberië leefde, maar ontmoedigde steeds elk onderzoek aangaande zijn persoon.

rol vervulde. Serafim van Sarov werd de eerste en de grootste van deze godsmannen. Van het charisma van 'startsjestvo' zegt Vladimir Lossky, dat in deze vorm de heiligheid der oude tijden weer tot leven kwam in de moderne heiligheid, op een wijze die zowel traditioneel als verwonderlijk nieuw was.[21] Na de dood van Serafim ging het charisma over naar de Woestijn van Optino, waar het, nadat het 'erfelijk' geworden was, zich openbaarde in meerdere generaties 'startsi', die elkaar tot aan de Revolutie opvolgden. Zoals men weet gingen Tolstoï en Dostojevsky naar Optino om daar de wijsheid te zoeken. En, door zijn vrouw bekeerd, schreef de filosoof Kireyevsky: "Alle boeken, alle werken van de geest kunnen volgens mij niet vergeleken worden met het voorbeeld van een heilige starets". Het voorbeeld, inderdaad! Want het was vooral door het voorbeeld dat deze uitverkorenen van de Geest waardig hebben getoond. Een leidsman zonder ervaring is gevaarlijk. Hij is één van die blinden van wie het Evangelie zegt dat hij in dezelfde kuil valt als degene wie hij goede leiding beweert te geven. "De Heer zegent niet degenen die zich tevreden stellen met onderricht te geven, maar veeleer hen die door de voorafgaande praktijk van de geboden verdiend hebben te zien en het schitterende, fonkelende licht van de Geest in zichzelf geschouwd hebben. In dit visioen, in deze kennis en onder deze inwerking hebben zij door de Geest geleerd waarover zij moeten spreken en wat zij anderen moeten leren", zo schreef Simeon de Nieuwe Theoloog.[22]

Met zijn gewone, echt Russische goedhartigheid bevestigt Serafim van Sarov de woorden van de grote Byzantijn: "Ik weet hoe handig hij is in het verzinnen van preken", zei hij eens van een theoloog die men hem kwam voorstellen. "Maar het is

....

[21] VLADIMIR LOSSKY, *Les Startzi d'Optino*, in: *Contacts*, № 33, le trimestre 1961, p. 6.
[22] *Syméon le Nouveau Théologien, Cent. 1, Chap. 4.*

even gemakkelijk te onderrichten als het is om stenen te gooien vanaf de hoogte van onze klokkentoren. Maar wat betreft het uitvoeren van wat men onderricht, dat is even moeilijk als het is om stenen te dragen naar de top van de klokkentoren. Dit is het verschil tussen onderricht en praktijk".

Een geestig gezegde, misschien aanvechtbaar, maar toch niet geheel van waarheid ontbloot, wil dat in elke Rus een pelgrim sluimert en dat elke Rus klaar staat om honderden kilometers te overbruggen om een echte starets te ontmoeten. De reputatie van starets Serafim groeide met de dag. Hele menigten–soms wel meerdere duizenden personen tegelijk– bestormden de Woestijn van Sarov. Wat zagen zij daar?

Een kleine oude man, "spierwit, verschrompeld en uitgedroogd" met blauwe ogen en een "onbegrijpelijk stralende" glimlach. Allen ontvangt hij op dezelfde wijze. "Goede dag, mijn vreugde!" Of ook: "Christus is opgestaan!"–De paasgroet die zo dierbaar is aan zijn landgenoten.

Hij is een onverbeterlijk optimist; terwijl hij met zijn voet op de grond tikt zegt hij levendig: "Nooit de moed verliezen. Christus heeft alles overwonnen. Hij heeft Adam opgewekt. Hij heeft Eva in haar waardigheid hersteld. De dood is door Hem ter dood gebracht".

Maar soms zegt hij: "Wat een ongeluk zie ik naar mij toekomen! Wat een ongeluk!", terwijl hij iemand uit de menigte aanwijst. En voordat de bedroefde persoon de tijd gehad heeft om hem maar iets te zeggen herhaalt hij: "Ik weet het, ik weet het". En hem omhelzend weent hij met hem.

DE VOLTOOIING VAN DE ASCESE

De bekroning van de ascetische oefeningen is de liefde. Opgesloten in de volmaakte stilte bemiddelt de afgezonderde door zijn gebed voor de gehele wereld. Isaak de Syriër[23] zegt: "Hij die in relatie treedt met de mensen en hun noden veronachtzaamt omdat hij meent hierdoor trouwer te zijn aan de gestrengheden van zijn Regel, is niet barmhartig maar wreed ... Wie een zieke niet bezoekt, zal het licht niet zien. Wie zijn gelaat afwendt van iemand die bedroefd is, zal zijn eigen dag zien verduisteren. En de zonen van hem die de stem van het lijden niet hoort, zullen als blinden tastend hun woning opzoeken ... Immers, elk bestaan heeft zijn uur, zijn plaats en zijn eigenheid".

Was er een tijd dat Vader Serafim de weg naar de 'Kleine Verre Woestijn' met boomstronken versperde, weigerde te spreken met zijn medemensen en zijn gelaat voor hen omsluierde, nu is zijn uur gekomen.

"Stel, zo zegt hij, dat ik de deur van mijn cel sluit. Zij die zullen komen in de hoop een opbeurend woord te vernemen, zullen me in de Naam van God smeken de deur te openen. Als zij geen antwoord hebben gekregen, zullen zij uiterst bedroefd naar huis gaan. Met welke uitvlucht zal ik bij God kunnen aankomen op de dag van zijn vreselijk oordeel?"

Zijn geduld is onuitputtelijk. Hij luistert naar iedereen met aandacht en zachtheid. Maar hij opent niet voor iedereen op dezelfde wijze de schatten van zijn charismata.

"Men moet niet zonder noodzaak zijn hart voor anderen openen", zegt hij. "Onder duizend is er misschien slechts één die in staat is zijn mysterie binnen te gaan. Met een spiritueel mens moet men spreken over menselijke zaken. Maar met hem, wiens verstand openstaat voor het bovennatuurlijke, moet men over hemelse dingen spreken".

....

[23] *Isaac le Syrien, Trinité St.-Serge, 1893, pp. 255, 259 (Russisch).*

HET HOE VAN DE HELDERZIENDHEID

"Ik weet" zegt de starets. Maar hoe weet hij? Een van zijn vrienden, Vader Antonios, abt van het klooster van Vissokogorsk, die geregeld naar Sarov komt, is op zekere dag getuige van een gesprek tussen de heilige man en een koopman uit Vladimir, die hij voor het eerst ziet, maar in wiens ziel hij leest als in een open boek. Vader Antonios vraagt hem daarna hoe het komt dat hij kan binnendringen in het meest intieme van ieders geweten, zonder vragen te stellen en zonder te wachten op vertrouwelijke mededelingen.

Het antwoord van de starets opent ons de ogen. "Hij kwam naar mij toe", zo zegt hij van de koopman, "net zoals alle anderen, ook gij, terwijl hij in mij een dienaar Gods zag; en ik, onwaardige Serafim, ik beschouw me als een arme dienaar Gods en breng hem over wat God aan zijn dienaar opdraagt. De eerste gedachte die in mij opkomt, beschouw ik als door God ingegeven en ik spreek zonder te weten wat zich in de ziel van mijn ondervrager afspeelt, maar zoals ik meen dat het de wil van God is en voor zijn welzijn. Soms antwoordde ik, vertrouwend op mijn eigen verstand, in de mening dat het nogal eenvoudig was. In die gevallen kwamen er echter vergissingen voor. Zoals hoe het ijzer zich overgeeft aan het aambeeld, zo geef ik mijn wil over aan God. Ik handel zoals Hij wil. Ik heb geen eigen wil". Maar Vader Antonios antwoordt hierop dat de starets de mensenziel ziet als een gelaat in een spiegel, omdat zijn geest zo zuiver is. Hierop legt Vader Serafim zijn rechterhand op de mond van de abt: "Neen, mijn vreugde, zo mag u niet spreken. Het menselijk hart staat alleen open voor God. Als de mens nadert ziet Hij hoe diep diens hart is" (vgl. Ps. 64,7). De starets ging niet van de mens naar God, maar van God naar de mens. Hij maakt geen psychoanalyse, maar luistert naar de Geest.

"Hij raadt ernaar", zeggen de boeren. Op zekere dag komt een van hen de hulp van de starets vragen voor een zaak die voor hem van levensbelang is. Men heeft zijn paard gestolen en zonder paard kan hij niet werken, noch zijn gezin onderhouden. "Vader Serafim", zo vertelt een ooggetuige, nam het hoofd van de boer in zijn handen en bracht het dicht bij het zijne. "Omring je met stilte", zei hij hem, "ga naar X" (hij noemde een naburig dorp). "Voordat je het dorp binnengaat, moet je rechts afslaan. Dan ga je achter vier boerderijen om. Je zult dan een staldeur zien. Stoot ze open, maak je paard los en neem het mee zonder iets te zeggen". En zo gebeurde het inderdaad.

Is de starets wat men tegenwoordig 'sociaal' noemt? In de zeldzame geestelijke onderrichtingen die hij op schrift heeft nagelaten, vinden wij deze betekenisvolle regels: "Als men de mensen benadert moet men zuiver zijn in woord en geest, gelijk voor iedereen (de onderstreping is van de schrijfster), nooit iemand vleien, want dan maken we ons leven nutteloos". Hij is op de hoogte van de ellendige toestanden van het boerenleven, wat hem echter niet tot revolutionair maakt. Evenmin als Paulus preekt hij de opheffing van de slavernij, maar hij doet een beroep op het hart en het geweten van iedereen. Met de vinger de kruisen aanrakend waarmee de borsten van zekere hoogwaardigheidsbekleders zijn overdekt, herinnert hij hen eraan dat de Heer op een kruis is gestorven en dat daarom de kruisen die zij dragen niet een voorwerp van hoogmoed te zijn, maar hen moet opwekken tot een leven dat een christen waardig is. Aan een aanzienlijke maar twistzieke functionaris, die hij lange tijd niet heeft willen ontvangen, vraagt hij, wanneer hij hem tenslotte een onderhoud toestaat: "Doen uw bedienden tegenover hen die naar u vragen, niet juist zoals ik tegenover u heb gedaan? 'Mijnheer is niet thuis' of 'Mijnheer heeft geen tijd'. Door zo uw naaste te bedroeven roept u de toorn van God over u af". Men hoort een trotse generaal, die uit nieuwsgierigheid naar hem is gekomen, in zijn cel huilen als een klein kind. "Ik ben met de Russische legers heel Europa doorgetrokken", zo verklaarde hij later, "maar nergens heb ik zoiets ontmoet: heel mijn leven lag voor hem bloot tot in de kleinste details die niemand bekend konden zijn". Daar staat tegenover dat de starets veel houdt van prins Golitzin, een belangrijk heer die incognito te Sarov is aangekomen. Bij het afscheid drukt hij hem op het hart speciaal aandacht te besteden aan het laatste vers van de Geloofsbelijdenis: "Ik geloof in de verrijzenis van de doden en het eeuwige leven".

MOEDERLIJK VADERSCHAP

Onder de bezoekers die hij ontvangt bevinden zich natuurlijk veel monniken en priesters. Een van hen, abt Antonios van Vissokogorsk, die aan de starets vragen had gesteld over zijn helderziendheid, kwam hem eens deelgenoot maken van de angst die hem bekroop. In de mening dat zijn dood nabij was, nam hij in zijn klooster afscheid van iedereen. "U begrijpt het niet juist, mijn vreugde", zegt de starets hem vriendelijk. "U zult wel uw klooster verlaten, maar u zult niet sterven, maar aan het hoofd van een grote Laura worden geplaatst". Deze voorspelling werd spoedig vervuld. Vader Antonios werd door metropoliet Filaretos van Moskou aangewezen hem als vicaris te vertegenwoordigen in deze zeer eerbiedwaardige abdij, de Drieëenheid-heilige Sergius. De aanbevelingen die de starets in het vooruitzicht van deze benoeming hem deed, kunnen en moeten we vergelijken met die, welke hij eens deed aan een novice betreffende het religieuze leven.[24] Samengevoegd vormen zij een tweeluik waarbij het gedrag van de overste en dat van de onderhorigen elkaar harmonieus aanvullen.

....

[24] Zie pp. 19-22

"Wees eerder een moeder dan een vader voor uw monniken", zegt hij tot Antonios.[25] "Elke overste moet voor zijn kudde zijn en blijven als een verstandige moeder. Een liefhebbende moeder leeft niet voor zichzelf, maar voor haar kinderen. Ze verdraagt de zwakheden van de zwakken met liefde, zij maakt hen die zich vuil gemaakt hebben weer schoon, wast ze zachtjes en geduldig. Ze trekt hen schone nieuwe kleren aan, geeft ze schoenen en kousen, verwarmt ze, voedt en troost ze en tracht ze zo met zorgen te omringen, dat ze nooit ook maar één klacht van hen verneemt. Zulke kinderen zijn aan hun moeder gehecht. Op deze wijze moet iedere overste niet voor zichzelf leven, maar voor zijn kudde. Hij moet toegevend zijn voor hun zwakheden, met liefde hun gebreken verdragen en de kwalen van de zondaars door pleisters van barmhartigheid bedekken. Hen die vallen zal hij met zachtheid weer oprichten, hen rustig zuiveren, die zich door een of andere ondeugd hebben besmet, door hun een aanvullende boete van gebed en vasten op te leggen. Hij zal hen kleden met deugden door onderricht en voorbeeld. Hij moet zich voortdurend met hen bezighouden en hun innerlijke vrede waarborgen zodat er nooit gemor of geklaag gehoord wordt. Van hun kant zullen ze dan hun best doen om aan hun overste rust en vrede te verzekeren".

ASCESE EN SYMBOLEN

Nu de starets zo omringd is, zo gezocht en zo vereerd, verslapt hij nu niet in zijn persoonlijke ascese? "Het is voor de mens moeilijk om zonder schade voor zijn ziel eer te ondergaan",

---

[25] De aanbevelingen door Sint Franciscus van Assisië gedaan tot de oversten van zijn stichtingen zijn vreemd genoeg dezelfde. Hij gebruikt ook de term 'moeder'!

leest hij bij zijn lievelingsauteur, Isaak de Syriër (Eerste homilie). "Dat is moeilijk, en niet alleen voor heftige naturen of voor hen die een strijd te voeren hebben tegen hun hartstochten, maar eveneens voor hen die deze reeds overwonnen hebben, de heiligen. Als hun de overwinning op de zonde is gegeven, dan blijft toch nog de mogelijkheid te veranderen. De mogelijkheid van terugval in de zonde is hun niet ontnomen ...". De neiging tot hoogmoed, zo merkt Macarios de Grote op, zetelt in de meest gezuiverde zielen.

Serafim van Sarov blijft slapen op zakken met stenen, terwijl een blok hout hem tot hoofdkussen dient,, ofwel slaapt hij zittend op de grond, de rug tegen de muur en het hoofd tussen de knieën. Zoals vroeger eet hij één keer per dag een beetje zuurkool met wat gedroogde haver; hij is gekleed in een oude witte jas met aan zijn voeten zogenaamde 'lapti' van berkenschors. Zijn cel is nog steeds dat hokje met flessen miswijn en zakken met droog brood waarvan hij stukjes aan zijn bezoekers geeft. Andere flessen bevatten olie voor de waaklampjes.

Aan een leerling die hem vraagt waarom hij zoveel kaarsen en lampjes brandt voor zijn iconen, antwoordt de starets: "Er zijn lieden die mij olie en kaarsen brengen met de vraag voor hen te bidden. Ik vermeld hun namen als ik mijn vaste gebeden zeg. Maar omdat zij zo talrijk zijn zou ik het niet klaarspelen ze elke keer op te noemen zo dikwijls als de Regel dit vraagt; ik zou geen tijd meer hebben om de lectuur van mijn Regel te voltooien als ik dat deed. Dan steek ik voor ieder een kaars op als offerande voor God, soms een dikke kaars voor meerderen, en ook lampen, en daar waar de Regel vraagt dat ik ze vermeld, zeg ik: 'Heer, gedenk al de personen, uw dienaren, voor wier zielen ik, onwaardige Serafim, deze kaarsen en lampen voor Uw Aanschijn laat branden'".

Vader Serafim hecht grote waarde aan dit gebruik, dat hij tot Mozes terugvoert. Heeft God niet tot Mozes aldus gesproken: "Mozes, Mozes, zeg aan uw broeder Aaron dat hij voor Mij dag en nacht lampen moet laten branden; dat is Mij aangenaam en het is een offer waarin Ik behagen heb". We zoeken tevergeefs in de Bijbel een tekst die daar precies aan beantwoordt. Een voorbeeld van een van de Bijbelse parafrasen waarvan Vader Serafim zich vaak bediende, in dit geval geïnspireerd door Exodus 40,25 en Leviticus 24, 2-4.

Hij houdt ervan het menselijk leven te vergelijken met een kaars. "Als we een brandende kaars zien, vooral in de kerk, laten we dan altijd denken aan het begin, het verloop en het einde van ons leven; zoals een brandende kaars voor het Aanschijn van God smelt, zo vermindert elk ogenblik ons leven naarmate we het einde naderen. Deze gedachte zal ons helpen in de kerk niet af te dwalen, maar met meer vuur te bidden en al het mogelijke te doen ons leven te doen gelijken op een kaars van zuivere was, die opbrandt en uitgaat zonder onaangename reuk".

Het symbool heeft het vermogen ongemerkt door te dringen in het menselijk bewustzijn. De starets is ontegenzeggelijk welsprekend, heeft een goed geheugen en een grote kennis van de Vaders, die gevoed wordt door voortdurende lezing. Desondanks preekt hij vooral door zijn voorbeeld en bedient zich daarbij voortdurend van symbolen om de christelijke waarheden te doen binnendringen in de zielen van zijn bezoekers. Het vuur ... God is een verslindend vuur. Het licht ... God is licht! De was ... is die niet maagdelijk? De olie symboliseert de Heilige Geest, de zalving bij de Doop en de koninklijke zalving, de kracht van de atleet, het medicijn, en de warmtebron die de kou van verharde harten doet verdwijnen.

DE VROUWEN

In deze zo vaak beschreven, overvolle cel, waarvan de lucht toch wonderlijk zuiver blijft, ontvangt hij iedereen, ook veel vrouwen. Heeft hij niet eens gezegd dat men deze 'geschilderde kraaien' moest wantrouwen als de pest? Maar ouder wordend en vervuld van geestelijke kracht, is zijn houding tegenover de vrouw veranderd. Als eerste onder de Russische heiligen houdt hij zich bezig met haar lot en voorziet hij de rol die haar in de toekomst is voorbehouden. "Ik zal nooit vergeten", zo vertelt een van hen, "dat hij, na met mij voor de icoon van de Moeder Gods te hebben gebeden, zijn warme handen op mijn hoofd legde en ik plotseling een levendmakende kracht door mijn hele lichaam voelde gaan. Ik sloeg mijn ogen op naar Vader Serafim en zag dat hij weende. Een van zijn tranen viel op mijn voorhoofd. Weende hij over mij? Ik durfde het hem niet vragen ...".

Weende hij over het lot van zoveel vrouwen, slavinnen van onmenselijke meesters, van echtgenoten wier bruutheid hun zielen en lichamen verminkte, van wezen zonder bruidsschat en zonder steun, over wie zijn moeder Agatha Mosjnien zaliger gedachtenis, zich vroeger ontfermde? Het is meer dan waarschijnlijk.

Als hij met gehuwde mensen spreekt, treedt de starets nooit in details over het huwelijksleven; hij stelt zich tevreden met van de echtgenoten wederzijdse trouw te vragen, en liefde die vastheid en vrede verzekert aan hun gezin. Hij dringt aan op gastvrijheid en het geven van aalmoezen. "Vergeet de gastvrijheid niet, want hierdoor hebben sommigen zonder het te weten engelen onthaald", zegt de Hebreeënbrief (13,2-3). Wat de aalmoes betreft: die moet met blijdschap worden gegeven. "God houdt van een blijde gever" (2 Kor. 9,7). Zo omschrijft hij de woorden van de apostel.

Groot is de eerbied van deze monnik voor het gezin. Een man die zich kwam beklagen over zijn dronken moeder, legt hij aanstonds de hand op de mond om hem te beletten te spreken en om te tonen dat de ondeugden van de ouders de kinderen niet vrijstellen van de verplichting hen te eren, zoals de Bijbel dit vraagt.

Veel kunnen we leren uit de symbolische gebaren en korte gezegden van de kluizenaar van Sarov.

Maar toch bestonden deze 'geschilderde kraaien'. Onder de vele verhalen over dit vreemde fenomeen uit de negentiende eeuw die deze starets, woestijnvader en enigszins ook dwaas-in-Christus was, komen er voor, die wel moderne reportages konden zijn. Zo bezitten we het volgende uittreksel van een dagboek, bijgehouden door een jonge edelman, Ivan Neverov, op dat moment nog een jongen, dat een vermakelijk licht werpt op de ontmoeting van de man Gods met een van deze wereldse dames, die allergisch voor de Geest waren.

DE GESCHIEDENIS VAN
EEN ONBEDAARLIJKE LACH

Deze Neverov schrijft dan: "Toen we op een zaterdag vóór de vespers waren aangekomen, vernamen we dat Vader Serafim zich in het klooster bevond en dat hij zoals gewoonlijk de volgende morgen zou communiceren. De Liturgie was geëindigd en we begaven ons in processie naar de cel van de starets waar deze naar gewoonte begon met zijn bezoekers zeer kleine stukjes gezegend brood aan te bieden die hij uit een beker, gevuld met wijn, haalde en die hij op een tinnen lepel aanbood. Een jonge dame, mevrouw Z., scheen wel zeer verwonderd over deze ongebruikelijke traktatie en toen Vader Serafim haar naderde en de lepel voor haar mond hield wilde zij deze niet aannemen en keerde meerdere malen het hoofd om. De goede starets, die misschien dacht dat zij aarzelde vanwege de grote lepel zei haar naïef: "Help maar met je vinger, dametje... Dit wil zeggen: breng de inhoud van de lepel met je vinger naar de mond. Toen ze dit hoorde begon de dame te lachen en ook ik schaterde het uit. De eerbiedwaardige starets ging verlegen weg en de dame verliet de cel. Wat mij betreft, mijn onbedaarlijk gelach werd steeds erger, ondanks de pogingen van mijn moeder om het tegen te houden; ik werd buiten de deur gezet waar ik een strenge vermaning kreeg vanwege mijn onbehoorlijk gedrag. Ik kreeg geen ontbijt noch middagmaal en mijn moeder zei mij, mij pas te zullen vergeven als ook Vader Serafim, naar wie zij mij terugzond, dat gedaan zou hebben.

"Toen ik bij de deur van de cel kwam vond ik deze gesloten en ik sprak naar gewoonte het gebed: 'Heer Jezus Christus, Zoon van God, ontferm U over mij', wat in kloostertaal gelijkstond met de vraag te mogen binnenkomen. Van binnen werd me geantwoord 'Amen', wat wilde zeggen: 'kom binnen', en de deur werd geopend.

"Hoe groot was mijn ontsteltenis toen ik in het midden van de cel een doodskist zag staan waarin de eerbiedwaardige starets met een boek in zijn handen zat te lezen. Hij groette mij vol goedheid.

'Goede dag, vriend, goede dag. Wat mag wel de reden zijn van je komst?'

'Mijn moeder stuurt me om u vergiffenis te vragen, omdat ik u vanmorgen heb uitgelachen'.

'Stuurt je moeder je? Dat is heel goed, bedank haar van mij, beste vriend, bedank haar dat ze opgekomen is voor een oude man. Ik zal voor haar bidden. Bedank haar.'

"Die woorden werden op goedhartige toon gezegd maar met een lichte eigenaardige klemtoon op het zinnetje 'Stuurt je moeder je?', waarin ik een verwijt meende te horen. Daar ik me schuldig voelde en vóór alles verlangde naar vergeving van de starets nam ik de vrijheid te zeggen: 'Neen, mijn moeder heeft me niet gestuurd. Ik ben uit mezelf gekomen'.

'Ben je uit jezelf gekomen, beste vriend, dank je wel, Moge Gods zegen op je rusten'.

"Hij nodigde mij uit dichterbij te komen, zegende me en voegde eraan toe: 'Berouw neemt de zonde weg, maar hier was zelfs geen sprake van zonde. Moge Christus met je zijn, beste vriend!'

"Vervolgens vroeg hij mij of ik het Evangelie las. Ik zei van nee, wie las in die tijd anders het Evangelie dan de diaken in de kerk? De starets nodigde mij uit naast hem te komen zitten. Hij opende het boek dat hij in zijn hand had, het was het Evangelieboek, en begon hoofdstuk zeven van Mattheüs te lezen: 'Oordeelt niet, opdat u niet geoordeeld wordt. Want met het oordeel dat gij velt, zult gij geoordeeld worden en de maat die gij gebruikt zal men ook voor u gebruiken'. Hij las het hele hoofdstuk zonder commentaar en zonder de minste toespeling te maken op mijn gedrag. Maar terwijl ik luisterde, begreep ik maar al te goed mijn fout en deze lectuur maakte zo'n indruk op mij dat de evangeliewoorden zich voor altijd in mijn geheugen griften. Ik schafte mij een Evangelie aan en las meerdere malen dat hoofdstuk van Mattheüs en lange tijd kon ik het bijna geheel uit mijn hoofd opzeggen. Na zijn lectuur te hebben beëindigd, zegende Vader Serafim mij nogmaals, en alvorens mij te laten gaan gaf hij mij de raad zoveel mogelijk het Evangelie te lezen. Ik nam zijn woord ter harte en van toen af heb ik het regelmatig gedaan".

DE KINDEREN

Bij volwassenen zal de gehechtheid aan wereldse gewoonten het gevoel voor het geestelijke doen wegkwijnen. Kinderen daarentegen, evenals dieren, bespeuren zonder moeite de paradijselijke sfeer waardoor een man Gods is omgeven.

Een andere 'momentopname', ditmaal te danken aan de pen van Nadia Aksakov, maakt ons deelgenoot van een bezoek dat haar familie aan Sarov bracht. Dat bezoek grifte zich voor altijd in het geheugen van het kleine meisje dat ze toen was. "Als altijd haastten de pelgrims, die naar de Woestijn waren gekomen om de starets te zien, zich na de Liturgie naar de cel. Maar de deur was gesloten en ging niet open. Vermoeid door het ononderbroken contact met de menigte, sloop Vader Serafim soms weg naar zijn geliefde woud om daar op adem te komen.

'Toen hij in de hof het geluid van uw rijtuigen hoorde, heeft hij zich zeker via zijn raam uit de voeten gemaakt', zei een oude monnik. 'Om hem te zien zult u hem in het diepste van het woud moeten zoeken'.

'U heeft niet veel kans hem te vinden', zei de abt van het klooster toen hij de groep bezoekers zag optrekken. 'Hij zal zich in het gras verbergen. Tenzij hij antwoordt op het geroep van de kinderen. Laat ze op een draf voor u uit lopen'.

"Het woud, aldus Nadia Aksakov, werd steeds dichter. Men zag nauwelijks iets onder het gewelf van de ontzaglijke pijnbomen. In dat donkere woud beving ons een onbehaaglijk gevoel. Gelukkig drong een zonnestraal tussen de stekelige takken door. We vatten weer moed en drongen door in de richting van dat licht. Voor ons opende zich een groene ruimte overgoten met zonlicht. Daar, aan de voet van een eenzame spar, stond een kleine gerimpelde grijsaard, gebogen naar de grond waar hij met zijn bijl snel de hoge stengels van het gras afhakte. Toen hij geluid hoorde, richtte hij zich op en luisterde gespannen in de richting van het klooster en rende vervolgens als een opgeschrikte haas het bos in; maar al gauw hield hij buiten adem stil, keek vreesachtig achterom en ging plat in het gras liggen, onzichtbaar.

'Vader Serafim! Vader Serafim!'

"Met wel twintig kinderen riepen wij hem. Bij het horen van onze kinderstemmen kon hij zich niet langer verborgen houden. Het hoofd van de grijsaard kwam boven het gras uit. Met een vinger op zijn mond scheen hij ons te vragen om zijn tegenwoordigheid niet te verraden aan de grote mensen.

"Na het gras te hebben verwijderd om zo voor ons een pad vrij te maken, ging hij zitten en liet ons naderbij komen. De kleine Lize, nog maar een peuter, snelde het eerst naar voren, wierp zich in zijn armen en drukte haar frisse gezichtje tegen de ruwe schouder van de grijsaard.

"'Schatten! Schatten!' mompelde hij, ons één voor één tegen zijn magere borst drukkend.

"Vertrouwelijk en gelukkig omhelsden wij hem. Maar de jonge herder Sioma keerde op zijn schreden terug en rende naar het klooster terwijl hij riep: 'Hierheen, hierheen! Vader Serafim is hier!'

"Wij waren beschaamd. Ons roepen en onze omhelzingen leken ons verraad. Terug bij het klooster liep de kleine Lize, die Vader Serafim het eerst in zijn armen had genomen, naar haar zusje toe, nam deze bij de hand en zei: 'Vader Serafim doét alleen maar alsof hij oud is. Maar hij is echt een kind, net als wij, is het niet, Nadia?'

"Inderdaad, schreef Nadia Aksakov op haar oude dag, ik heb in heel mijn leven nooit een blik ontmoet zo kinderlijk zuiver als die van Vader Serafim, nooit een glimlach als de zijne. Zo glimlacht een pasgeboren kind als het, naar het zeggen van de oude 'kindermeisjes', in zijn slaap speelt met de engelen".

EEN ANDER BEELD

Geest van kindschap? Dwaasheid in Christus? Was dat alles wat de pelgrims van Sarov zagen als zij, uit nieuwsgierigheid of uit godsvrucht, zich haastten naar de Woestijn? Dezelfde Nadia Aksakov schetst in haar memoires een heel ander beeld van de man Gods.

Het was na de Liturgie. Vader Serafim ging de kerk uit.

"Hij was gekleed in het traditionele kloosterkleed (een grote zwarte kapmantel) en met de tekenen van zijn priesterschap, de stola (epitrachilion) en de manipels (die de orthodoxe priesters tijdens het celebreren aan de polsen dragen).

De vreugde van iemand die aan het Eucharistisch maal had deelgenomen straalde van zijn gezicht met dat hoge voorhoofd en die beweeglijke trekken. De glans van zijn intelligentie schitterde uit zijn grote blauwe ogen. Hij ging langzaam de trappen af, een beetje hinkend: en ondanks dit gebrek en de bult achter op zijn schouder, straalde hij en was hij waarlijk van een majestueuze schoonheid".

Na gecommuniceerd te hebben ging Vader Serafim tussen de opeengepakte pelgrims door, met neergeslagen ogen, zonder zich met één hunner op te houden. Deze keer echter stond hij tegen zijn gewoonte in stil.

"Ik zal nooit", zo schrijft Nadia, "zijn geïnspireerde blik vergeten, zijn getransformeerde gelaat en de klank van zijn stem, toen hij zich tot de menigte richtte. Hij sprak over het Heilig Kruis en zijn betekenis voor de christen. Zijn welluidende woorden, eenvoudig en welsprekend, welden op zonder inspanning en drongen door tot in de zielen. Hij sprak met gezag naar het voorbeeld van Christus, zijn Heer en Meester, en niet 'als de schriftgeleerden en farizeeën'".

Soms drongen de bezoekers door tot de 'Kleine Verre Woestijn', in de hoop de starets daar te vinden. Was hij naar buiten gegaan? Inderdaad, voor een icoon van de Moeder Gods, vastgehecht aan de stam van een grote spar, stond hij voortdurend en langzaam kruistekens te maken, zoals de Russen dat plegen te doen, verzonken in een ononderbroken gebed. Zonder het te willen ging men op de knieën zitten en in stilte begon iedereen te bidden. De engel van vrede vloog over die open plaats in het bos.

WONDERDOENER

Vader Serafim heeft de onderscheiding der geesten, hij voorspelt de toekomst, onderhoudt relaties op telepathische wijze met kluizenaars die op duizenden kilometers afstand leven en antwoordt op brieven zonder deze te hebben geopend. Hij bezit de gave van levitatie en bilocatie en hem is ook de gave geschonken wonderen te doen en zieken te genezen. Is hij daar blij mee?

"De echte heiligen hebben niet alleen geen verlangen om wonderen te doen, maar als deze gave hun wordt geschonken, dan weigeren zij die. Zij wijzen die gave niet alleen af voor het oog van de mensen, maar ook in het diepst van hun hart. Als sommigen die gaven aanvaardden, dan was het uit noodzaak ..., anderen op bevel van de Heilige Geest, die in hen werkzaam was, niet bij toeval of zonder noodzaak".[26]

De eerste die op wonderbare wijze werd genezen was Michaël Mantoerov. Hij was een grondbezitter uit het dorp Noetsj in de provincie Nizjnij-Novgorod; jong en vrolijk, knap van voorkomen, het leven lachte hem toe, toen een vreemde ziekte hem neervelde. Hij verloor het gebruik van zijn benen; er vielen stukjes been uit zijn voeten. Ontgoocheld door het feit dat de medische behandelingen vruchteloos bleven liet hij zich naar Sarov brengen en met de ogen vol tranen smeekte hij de starets hem te genezen.

'Geloof je in God?' vroeg de heilige man tot driemaal toe, 'Als je gelooft, mijn vreugde, alles is mogelijk voor wie gelooft'.

Het antwoord was bevestigend. Toen ging hij zijn cel binnen en kwam met een beetje olie uit de lamp die voor de icoon van de Heilige Maagd brandde. Met deze olie wreef hij de voeten en de benen van de zieke in, terwijl hij herhaalde: 'Krachtens de genade die ik van God ontvangen heb, genees ik jou als eerste'. Daarna deed hij Mantoerov linnen kousen aan de voeten, haalde uit zijn cel een aanzienlijke hoeveel-

---

[26] Evêque I. Briantchaninov. *Des Miracles et des Manifestations Divines*, Yaroslavl, 1870, pp. 35-36 (Russisch).

heid stukjes droog brood waarmee hij de jaszakken van de jongeman volstopte en zei hem te voet naar het gastenverblijf terug te keren.

Mantoerov was niet overtuigd. Al te lang had hij het gebruik van zijn benen moeten missen. Maar toen hij die eenmaal op de grond zette, voelde hij dat hij de kracht had om rechtop te blijven staan. Vol vreugde wierp hij zich neer voor starets Serafim. Deze hielp hem opstaan en zei op strenge toon dat hij niet hém, maar God moest bedanken.

Overgelukkig keerde Mantoerov naar huis terug, naar zijn jonge Duitse vrouw met wie hij tijdens zijn militaire dienst in de Baltische provincies was getrouwd. Maar na enige tijd begon hij na te denken. God dankzeggen, maar hoe? Hij ging weer naar Sarov en legde de kwestie voor aan starets Serafim. De oude man keek hem met zeer grote liefde aan, maar het antwoord dat hij gaf vervulde Mantoerov met ontzetting.

'Welnu, mijn vreugde', zei hij vriendelijk, 'geef alles wat je hebt aan God en bewaar voor jezelf alleen de vrijwillige absolute armoede'.

Was dat nu de 'verschrikkelijke zoetheid van het Evangelie'? Michaël dacht aan zijn jonge vrouw, die gewend was aan een gemakkelijk leventje en van luxe hield. Was de prijs voor zijn genezing niet overdreven?

'Wees maar niet bang', voegde de starets er aan toe. 'De Heer zal je nimmer verlaten, noch in dit leven, noch in het andere. Bid! Denk na! En kom naar mij terug.

In tegenstelling tot de rijke jongeman uit het Evangelie nam Michaël Mantoerov het aan.

NOG VOOR LOURDES

Het nieuws van de genezing van de jonge landeigenaar raakte overal bekend, zodat de zieken in grote getale naar Sarov kwamen; temeer daar de Heilige Maagd zelf deze nieuwe activiteit van haar uitverkorene scheen te zegenen en aan te moedigen. Op de dag dat hij zijn vrijwillige gevangenis verliet om zich naar het woud te begeven, verscheen Zij hem onderweg, vergezeld van de heilige Johannes, en tikte met haar scepter op de grond waarna 'een bron van helder water' ontsprong. "Het water van deze bron zal geneeskrachtiger zijn dan dat van de vijver van Bethesda" zei Zij.

In Jeruzalem hadden de genezingen slechts plaats nadat een engel was neergedaald, terwijl in Sarov de zieken heel het jaar door zouden worden genezen. Vader Serafim omgaf deze bron met een muur en maakte er een put. Later bouwde men boven de put een kapel en leidde het water langs twee verschillende paviljoenen, één voor de mannen en één voor de vrouwen. De gelijkenis met Lourdes (waar de Heilige Maagd drieëntwintig jaar later verscheen) is treffend. Het water van Sarov had alle eigenschappen van dat van Lourdes, behalve dat het nog kouder was, de temperatuur was nauwelijks hoger dan vier graden. Maar evenals in Lourdes is er nooit een geval van kouvatten opgetekend en de baders verklaarden bij het verlaten van het bad een buitengewoon gevoel van welbehagen te hebben ondergaan.

ABT NIFONTES

"Niemand is profeet in zijn eigen land", zegt de Bijbel. Hoe meer mensen Vader Serafim ontvangt en hoe meer wonderen hij doet, hoe meer de monniken uit de Woestijn van Sarov hem beschouwen met argwaan en geprikkeldheid. Vooral de abt oordeelt ongunstig over deze non-conformistische grijsaard, wiens tegenwoordigheid de normale gang van het monastieke leven in de war schopt. Een 'momentopname', uit de pen van Vader Antonios, abt van het klooster te Vissokogorsk, die geregeld naar de Woestijn kwam, is verhelderend op dit punt.

"Ik kwam eens te Sarov om Abt Nifontes te bezoeken, van wie men zei dat hij ernstig ziek was. Tot mijn grote verwondering zag ik dat hij volkomen gezond was. Toen hij mijn verbazing zag, verhaalde hij mij het volgende: 'Vader Serafim kwam mij bezoeken en bracht een stuk zwart brood mee dat hij mij toereikte met de woorden: 'U bent ziek, Vader. Welnu, zeg dat men wat visbouillon moet klaarmaken; drink dat op terwijl u dit stuk brood erbij eet, dat zal u kracht geven en met Gods hulp zult u genezen'.–'Wat zegt u daar, starets? Al een hele tijd eet ik in het geheel niet meer en ik kan ook niet eten. Bovendien is zwart brood mij door de dokters verboden'–'Uw dokters lezen de psalmen niet. En in de psalmen staat: brood zal het hart van de mens versterken. Eet daarom een beetje van dit brood'. Hij drong zo aan, dat ik niet meer kon weigeren. Men nam een beetje vis en kookte er bouillon van. Ik dronk ervan terwijl ik het brood at dat Vader Serafim had meegebracht. Hij lette goed op dat ik het wel helemaal opat. Toen ik klaar was, zei hij: 'Zo is het goed. Nu zult u met Gods hulp weer gezond worden'. Nauwelijks was hij vertrokken of ik voelde een sterke behoefte om te slapen, iets wat me sinds lang niet meer gelukt was. Ik viel in een diepe slaap en werd wakker, doornat van het zweet. De ziekte was verdwenen. En nu gaat alles weer volkomen goed.

"Wat denkt u ervan, Vader Antonios, besloot de abt van Sarov, zou Vader Serafim werkelijk een wonderdoener zijn?"

DIVEJEVO

Maar niets van wat de starets deed of zei ergerde de monniken van de Woestijn van Sarov zozeer als zijn stichting van een vrouwenklooster. En toch handelde hij niet op eigen gezag, maar voerde bevelen uit. "In Divejevo", zal hij zeggen, "heb ik geen stap gezet, geen spijker ingeslagen buiten de wil van de Moeder Gods, de Allerheiligste Maagd Maria".

Het begon toen hij nog diaken was. Op een keer ging Vader Pachomios, toen abt van Sarov, naar de begrafenis van een rijk weldoener van het klooster. Hij werd vergezeld door diaken Serafim. Te Divejevo onderbrak hij even zijn reis om te informeren naar een zieke, de vrome weduwe Agatha Melgoenov, die vele jaren in dit arme dorp had gewoond en waarvan ze de weldoenster was geworden. Voor de bewoners had zij een kerk laten bouwen en tegen het eind van haar leven had zij met de zegen van de abt van Sarov een kleine gemeenschap gesticht.

Toen zij haar einde voelde naderen, vroeg Agatha om de ziekenzalving en gaf aan de overste van de Woestijn drie zakjes, het ene vol goud, het tweede vol zilver, terwijl het derde kopergeld bevatte. Het was alles wat overgebleven was van haar fortuin, dat vroeger aanzienlijk was geweest; want voor zij zich aan God wijdde, was zij een adellijke dame geweest, weduwe van de rijke kolonel Melgoenov. Terwijl zij haar spaarpenningen aan hem toevertrouwde, smeekte de stervende Agatha Vader Pachomios haar 'wezen' niet in de steek te laten, waarmee zij de zusters van haar jonge communiteit bedoelde.

De oude man zou hebben geantwoord: "Moeder, ik zou niets liever willen dan aan uw verzoek voldoen ... Maar ik ben op leeftijd en God alleen weet hoe lang ik nog te leven heb. Maar hier is de diaken Serafim; hij is nog jong en zal lang genoeg leven om uw communiteit te zien groeien en ontwikkelen. Aan hem moet u haar toevertrouwen. De Heilige Maagd zelf zal hem onderrichten en tonen wat hij moet doen". Een profetie die pas veel later in vervulling zou gaan.

Twee dagen later kwamen de twee monniken langs Divejevo en vonden daar de heilige moniale reeds opgebaard. Zij concelebreerden een dienst voor de overledene. Het was 13 juni 1789. Het stortregende. Maar liever dan na de begrafenis de maaltijd te nuttigen met vrouwen, vertrok de jeugdige diaken Serafim, toen nog 'vrouwenhater', in de stromende regen om te voet de twaalf kilometer af te leggen, die Divejevo van Sarov scheidden.

Agatha en haar 'wezen', riepen deze woorden echo's op in het hart van een zoon van haar naamgenote, de koopmansvrouw uit Koersk? In ieder geval, zonder zich schijnbaar bezorgd te maken over de monialen van Divejevo, zal hij zich terugtrekken in het woud, zich opsluiten en zullen de jaren verstrijken.

Maar op een dag, het was in 1823, toen hij na een lange afzondering de deur van zijn cel openzette voor bezoekers, liet Vader Serafim, die toen vierenzestig jaar oud was, Michaël Mantoerov halen, dezelfde die hij had genezen en aan wie hij gevraagd had belofte van armoede af te leggen. Michaël had al zijn bezittingen verkocht en wat geld terzijde gelegd, zoals de starets het had verlangd. Hij had zich met zijn Duitse vrouw geïnstalleerd in een huisje dat hij te Divejevo had gekocht; geduldig verdroeg hij de spot van zijn vrienden en het slechte humeur van zijn echtgenote.

Nadat de jongeman zich heeft aangediend, neemt de starets een paaltje, maakt een kruisteken, kust het paaltje en vraagt Mantoerov hetzelfde te doen. Dan groet hij hem met een diepe buiging tot de grond en zegt: "Batioesjka, ga naar Divejevo. Daar aangekomen moet je voor het venster in de centrale abscis van de kerk van Onze-Lieve-Vrouw van Kazan (die gebouwd was door Moeder Agatha) gaan staan. Dan moet je X passen (het juiste getal is vergeten) doen en dan zal je op een klein grenspad terechtkomen; dan doe je weer X passen waarna je bij een omgeploegde akker zult komen; nog eens X passen verder sta je op een weiland: daar middenin, maar wel precies in het midden, moet je dit paaltje in de grond slaan. Ziedaar, Batioesjka, wat ik je te vragen heb".

Mantoerov vertrekt en te Divejevo aangekomen, is hij verwonderd alles precies aan te treffen zoals de starets het had aangewezen. Hij slaat het paaltje in de grond en gaat weer terug naar Sarov, waar Vader Serafim hem met uitbundige vreugde ontvangt.

Een vol jaar gaat voorbij. Omdat de starets niet meer over het paaltje spreekt, maakt Michaël Mantoerov er uit op dat hij het is vergeten. Maar op zekere dag roept Vader Serafim hem weer en dit keer vertrouwt hij hem vier paaltjes toe.

"Kijk, Batioesjka. Ga opnieuw naar Divejevo en sla daar rond het paaltje dat je daar vorig jaar geplaatst hebt op gelijke afstand deze vier paaltjes in de grond. En voor alle zekerheid moet je, zodat de plaats goed gemarkeerd blijft, keien bij elkaar rapen en die rond ieder paaltje opstapelen".

Wanneer Mantoerov terugkomt begroet hem de starets, zonder een woord te zeggen, met een buiging tot op de grond. En opnieuw treft de jongeman de buitengewone glans van zijn gelaat.

Wat wil die vreemde pantomime toch zeggen? Hoe is het mogelijk dat Vader Serafim, die sinds de begrafenis van Moeder Agatha in 1789 niet meer te Divejevo is geweest, na vierendertig jaar de juiste afstand nog kent tussen de akkers en weilanden achter de kerk? In ieder geval begint alles vanaf dit ogenblik.

Een nieuwe communiteit wordt geboren. De 'Molen-communiteit' (zo genoemd vanwege de molen, 'de voeder van de wezen', gebouwd op de plaats die door de paaltjes werd aangewezen), moet zich onderscheiden van de oude gemeenschap van Moeder Agatha. Alleen maagden mogen er deel van uitmaken en de Heilige Maagd zelf zal er de overste van zijn.

Het is niet duidelijk op welk tijdstip Zij haar bevelen gaf aan Vader Serafim. Maar als eenmaal de paaltjes zijn geplaatst, nog wel op een terrein dat hem nog niet toebehoort, gaat hij aan het werk. Abt Nifontes laat hem het hout betalen dat hij uit het bos van Sarov haalt voor de bouw van de molen en zendt ook opzichters naar Divejevo. "Vader Serafim sleept alles bij ons weg", zegt hij. Maar de molen wordt, dankzij de hulp van een toegewijde boer, gebouwd en begint te malen. Zeven zusters leven er en moeten tot in de koude oktobermaand op de molenstenen slapen. Pas toen waren de eerste cellen klaar.

Wie zijn deze zusters? Jonge meisjes uit het dorp, door Vader Serafim uitgekozen met toestemming van de hemelse Overste. Als zijn keuze Haar niet aanstond, zond hij de postulante naar Moeder Xenia, een kleine, verschrompeld, verweerd en ongeletterde vrouw, maar met een ontembare geest, die de communiteit van Moeder Agatha leidde.

"Ik heb aan jonge meisjes gevraagd te komen, maar ze hebben niet gewild", zal Vader Serafim zeggen.

"Maar wat dwaas is voor de wereld, heeft God uitverkoren om de wijzen te beschamen; wat zwak is voor de wereld, heeft God uitverkoren om het sterke te beschamen; wat voor de wereld van geringe afkomst en onbeduidend is, heeft God uitverkoren" (1 Kor. 1,26-28). Ziedaar wat de Heilige Maagd Maria, de 'nederige dienstmaagd', uitkoos met een bedoeling die slechts jaren later duidelijk werd.

De rekruten van Vader Serafim zijn niet allemaal even enthousiast. De volslagen armoede waarin de communiteit zal moeten leven druist in tegen hun gezond boerenverstand. In welk avontuur stort zich de starets?

"Neen, Batioesjka, neen! Ik wil niet, ik kan niet!" riep de schone Xenia Poetkov, aan wie de starets vroeg de sluier aan te nemen; zij was de dochter van welgestelde landbouwers en verloofd met een jongeman die zij liefhad.

"Luister, mijn vreugde; ik vertel je een geheim maar zeg er voorlopig aan niemand iets van; het is de Moeder Gods zelf die de plaats voor deze communiteit heeft gekozen. Alles wat Zij ons zal willen geven, zal ook inderdaad ons deel zijn; eerst een molen, daarna een kerk. Let eens op, mijn vreugde, we zullen alles hebben, zelfs eigen gronden".

Maar op dat ogenblik was er niets en die beloften kwamen de praktische zin van de rijke boerendochter onwaarschijnlijk voor.

"Je zegt dat je van mij houdt en je wilt mij niet geloven?", dringt de starets aan.

"En", zo vertelde in haar ouderdom de schone Xenia, die Moeder Capitolien was geworden, "hij werd plotseling onweerstaanbaar aantrekkelijk en stralend van licht".

Een meisje kwam ondanks alles, Helena Mantoerov, zus van Michaël. Een verwend kind, met grote zwarte ogen, aardig, levendig, charmant. Op zeventienjarige leeftijd was zij verloofd geweest maar had zonder enige reden de verloving verbroken. Op de terugweg van de begrafenis van haar grootvader had zij een schrikwekkend visioen, waardoor ze zich ging oriënteren op het religieuze leven. Ze meende een geweldig grote zwarte draak te zien, die zich op haar stortte terwijl hij vlammen spuwde. Het is waar dat ze onder de indruk was van haar eerste contact met de dood en ten prooi viel aan een hevige koorts. Toch nam ze het visioen ernstig op, gaf haar wereldse leven op, stortte zich op stichtende lectuur en droomde slechts van het aannemen van de sluier en het monastieke leven. Maar Vader Serafim, die zij om raad vroeg, zei haar plagend:

"Maar, Matoesjka toch, wat is er aan de hand? In het klooster gaan? Wat een idee! Je moet trouwen, mijn vreugde.

Helena begon te wenen en bad tot de Heilige Maagd. Haar verlangen om naar het klooster te gaan werd alleen maar sterker. Na haar lange tijd op de proef te hebben gesteld, zond de starets haar eindelijk naar Divejevo en benoemde haar tot 'aardse overste' van de communiteit van maagden.

In datzelfde jaar werd een nieuwe priester in de parochie te Divejevo benoemd: Vader Basilios Sadovsky, slechts vijfentwintig jaar oud. De starets hield veel van de jonge priester vanwege zijn zuiverheid van hart en benoemde hem, ondanks zijn leeftijd, tot biechtvader van zijn 'wezen'.

DE KERKEN

Aan de Molen-communiteit ontbreekt in feite niets meer dan een kerk. Opnieuw laat de starets Michaël Mantoerov komen. "Mijn vreugde", zegt hij, "onze kleine gemeenschap heeft geen kerk. De zusters zijn verplicht naar de parochie te gaan waar huwelijken worden gesloten en wordt gedoopt. Dat is niet zoals het moet, want het zijn tenslotte meisjes. De Koningin des hemels verlangt dat ze een eigen kerk hebben. Daarom, mijn vreugde, laten we voor mijn 'wezen' een kerk bouwen ter ere van de Geboorte van de Zoon van de Heilige Maagd".

"Geef uw zegen maar, Batioesjka", antwoordt Michaël opgewekt, altijd bereid de wil van zijn geliefde starets uit te voeren. Hij is blij te weten dat het geld dat hij terzijde had gelegd na de verkoop van zijn goederen, zou dienen voor de bouw van een Godshuis. Meerdere personen hadden reeds aan Vader Serafim aangeboden om hem te helpen een kerk te bouwen te Divejevo, maar hij had altijd geweigerd.

"Denk er eens en voor altijd aan", zegt hij tot de schone Xenia, die hem over een dergelijk aanbod komt spreken, "dat niet alle geld aangenaam is aan de Heer en zijn Heilige Moeder. Niet alles wat men mij wil geven komt mijn klooster binnen, Matoesjka. Daar zijn er die niets liever willen dan geven: neemt maar. Maar de Koningin des hemels neemt niet alles aan wat men Haar aanbiedt. Er is geld en geld. Dikwijls is het de vrucht van geweld, van bloed en tranen. Dergelijk geld hebben we niet nodig. We mogen het niet aannemen".

Dat was ook de opvatting van de dwazen-in-Christus, die de aalmoes van bepaalde rijken weigerden terwijl ze wel de broederlijke hulp van de armen, de zuiveren van hart, aanvaardden.

De kerk is gereed in 1829 en wordt volgens de uitdrukkelijke wil van de starets gewijd op 6 augustus, het feest van de Gedaanteverandering. Een crypte, gewijd aan de Heilige Moeder Gods, wordt eraan toegevoegd en het jaar daarop gewijd, op 8 september, het feest van de Geboorte van de Heilige Maagd.

Maar waarom, zo zou men zich kunnen afvragen, zoveel kerken? Zijn ze dan geen centra- niet geografisch, maar kosmisch-van een heelal dat bestemd is om eucharistie te zijn? Vanuit de kerk heiligt de zegening van olie, brood, wijn en koren de elementen van heel de oppervlakte der aarde.

"De aarde onder onze voeten is heilig", zegt de starets. "Allen die erop leven zullen worden gered. U weet dat de vijand hier en in de omgeving zijn verblijfplaats heeft gekozen. Maar de barmhartige Heer heeft mij toegestaan die satanstroep te verjagen".

De dorpen Divejevo en Vertianovo hadden inderdaad een slechte reputatie vanwege de aanwezigheid van een beklagenswaardige arbeidersbevolking die in de ijzermijnen van de omgeving werd gebruikt. Ze was namelijk berucht om haar dronkenschap, vechtpartijen en misdaden.

Met de komst van Moeder Agatha, de stichting van de kloosters, de bouw van de kerken, verandert het klimaat zoals het veranderde na de Doop van Rusland in de heidense stad Kiev, zoals het veranderde in Frankrijk in het dorp Ars toen zich daar een heilige pastoor vestigde; zoals het overal gebeurt waar de genade zich als een olievlek in de gewetens en harten uitbreidt. Alles wat er plaatsvindt in de mens is van universele betekenis. Geeft hij zich wel genoeg rekenschap van deze enorme verantwoordelijkheid?

De christelijke vurigheid heeft altijd het aantal kerken doen toenemen, maar lauwheid verwaarloost ze. Het strijdende atheïsme spant zich in om ze te vernietigen. In zijn dichterlijk proza 'Wandeling langs de Oka', constateert een hedendaags Russisch schrijver[27] met smart het verdwijnen van de kerken. De zeldzame klokkentorens die nog staande zijn gebleven op het platteland, verrijzen boven geplunderde gebouwen die in schuren zijn veranderd, waar de vrachtwagens van de kolchozen achterwaarts inrijden. In plaats van het klokkengelui dat oproept naar de Vesperdienst, hoorde hij bij het naderbij komen de stem van de vrachtrijder die naar zijn kameraad, die binnen bezig was zakken te laden, riep: "Schiet op, Victor! Maak je er van af! Ze gaan dansen en vanavond draait er een film!"

Vader Serafim houdt veel van zijn kerken. "Wat is er mooier, aangenamer, verhevener dan een kerk? Waar zullen we ons meer verheugen in de geest dan in de kerk, in de tegenwoordigheid van onze Heer en God? Geen grotere opdracht dan die men vervult in de kerk. Zelfs als men slechts met een doek stof afneemt in het huis van God, zal de beloning niet uitblijven".

Nadat Helena Mantoerov haar geloften heeft afgelegd in de handen van de priester-monnik Hilarion van Sarov, benoemt de starets haar als kosteres, met de schone Xenia Poetkov als hulp. In tegenwoordigheid van hun priester, Vader Basilios, geeft hij haar nauwkeurige onderrichtingen aangaande de getijden en het onderhoud van het interieur. Twee monniken van Sarov staan Vader Basilios bij door aan de zusters de orde van de dienst en de liturgische zang aan te leren. Hoewel hij zelf nooit naar Divejevo gaat, waakt de starets van ver over alles en wil hij dat alles onberispelijk is. Hij staat er op dat er voortdurend, dag en nacht, een kaars brandt voor de icoon van de Verlosser in de kerk van de Geboorte en dat er steeds een lampje blijft branden beneden in de crypte voor de icoon

---

[27] SOLZJENITSYN, *Promenade le long de la Oka*.

van de Moeder van het Woord. De symboliek van die kleine lichtjes was hem dierbaar, hij betoogde dat dit aangenaam was aan God en dat dit terugging op Mozes.

"Zolang hij leefde", vertelde de mooie Xenia, "wisten wij niet wat het was om kaarsen te kopen. Men bracht hem er veel en hij, onze Batioesjka, bewaarde alles voor Divejevo. Wanneer men hem ging opzoeken, vooral in de laatste tijd voor zijn dood, sprak hij slechts over zijn kerken: 'Heeft u alles wat nodig is, Matoesjka? Ontbreekt u niets?'–'Neen, Batioesjka'.–'God zij gedankt, mijn vreugde, laten we de Heer danken!' mompelde hij dan, snel een kruisteken makend".

Ondanks de zorg van de heilige grijsaard ontbrak er wel eens wat: de jonge communiteit was arm en de zusters durfden de starets niet altijd lastig te vallen.

Op een dag dat ze de olie wil bijvullen in het lampje, waarvan de eeuwige vlam de icoon van de Heilige Maagd verlicht, bemerkt zuster Xenia dat de fles leeg is. Terwijl zij na de Liturgie naderbij komt, ziet zij dat de lamp door gebrek aan olie is uitgegaan. Wat te doen? In de gemeenschap is er olie noch geld. Twijfel bekruipt de geest van het meisje. Als bij het leven van haar Batioesjka zijn aanwijzingen al niet worden gerespecteerd, hoe zal het dan wel gaan na zijn dood? Bedroefd gaat zij in de richting van de uitgang, als zij een licht geknetter hoort. Zich omkerend ziet zij dat de lamp vol olie staat en uit zichzelf is gaan branden. Gelukkig en opgelucht snelt zij naar Helena Mantoerov om haar het wonder te vertellen, wanneer zij bij de deur door een boer wordt opgehouden. "Bent u de kosteres?"–"Jawel, waarom?" –"Vader Serafim drukt u op het hart om voor de icoon van de Moeder Gods een eeuwige vlam brandend te houden. Daarom breng ik u driehonderd roebel. Dat is voor olie. En wil dan in het necrologium mijn ouders inschrijven en hun namen in uw gebeden vermelden".

"O, Batioesjka", dacht Xenia, terwijl ze de boer bedankte, "hoe kan men aan uw woorden twijfelen?"

DE REGEL

De Regel die de Vorstin des hemels aan de jonge communiteit had geschonken, was zo eenvoudig mogelijk: het Jezusgebed en de gehoorzaamheid vormden het fundament. Drie 'Onzevaders', drie 'Weesgegroeten' en het opzeggen van de Geloofsbelijdenis volstaan voor 's morgens, 's middags en 's avonds als dagelijkse gebedspraktijk van deze boerenmeisjes. Om in hun levensonderhoud te voorzien zetten zij hun veldarbeid voort, maar nu werden hun dagelijkse bezigheden gedragen door het ononderbroken gebed van het hart, en dat was het moeilijkste. Als overtuigd hesychast heeft Vader Serafim, ondanks de kritiek, niet geaarzeld van deze intieme omgang met de Heer, de basis zelf van het nieuwe gebouw te maken. De ononderbroken lectuur van het psalterium in de kerk door twaalf zusters, die speciaal voor deze taak zijn aangewezen, is echter verplicht, alsook de zang van de 'Paraklisis', een officie ter ere van de Heilige Maagd op zondag, voor de Liturgie.

Wat de gehoorzaamheid betreft doet Vader Serafim zijn best, met alle middelen die hem ten dienste staan, deze soepel en leefbaar te houden voor zijn schaapjes. Het feit dat allen maagden zijn, maakt volgens hem deze taak gemakkelijker. "Weduwen", zo merkte hij niet zonder humor op, "zijn geneigd om van herinneringen te leven: 'wat was mijn overleden man toch goed!' zeggen ze, maar ze brengen zo de verbeelding van de jonge meisjes in verwarring. Of juist het tegenovergestelde: als hun huwelijksleven ongelukkig was geweest, ontnemen zij door hun jammerklachten de glans van een staat die door God is gezegend". Hij had ook opgemerkt dat de vrouw in het huwelijk vaak een eigen wil krijgt, die in het kloosterleven moeilijk te breken is. "Ik heb liever te doen met acht meisjes dan met één enkele getrouwde vrouw", bevestigde hij.

De veelvuldige akten van gehoorzaamheid die hij van de zusters van de Molen-communiteit vroeg, gingen dikwijls tot het absurde toe. Zo gebeurde het eens dat hij hen, nog maar nauwelijks thuisgekomen te Divejevo vanuit Sarov waar zij de hele dag hadden gewerkt, liet terugkeren naar de 'Woestijn' en ze aldus verplichtte vierentwintig kilometer te voet af te leggen, zonder de tijd te hebben om te rusten of te eten. Soms kwamen ze, na 's nachts te hebben gelopen, in de morgen voor de cel van de starets, waarvan de deur gesloten was. Nu leefde de beste diaken van Sarov, Natanaël, naast hem. "Die oude laat jullie hier bevriezen!" zei hij tot de jonge meisjes. "Kom maar bij mij binnen om u wat te verwarmen". Enkelen gingen naar binnen. Maar de starets werd rood van woede. "Ik verbied jullie daarheen te gaan", donderde hij. "Wat is dat voor een diaken? Hij is geen diaken van Sarov!" Vreemd! Natanaël geraakte aan de drank en werd uit de communiteit van de 'Woestijn' gezet. Het gebeurde intussen ook dat er jonge monialen waren die zich verzetten en besloten de Molen-communiteit te verlaten. Maar steeds werden ze op mysterieuze wijze teruggeroepen op het ogenblik dat zij zich gereed maakten te vertrekken; dan wierpen zij zich op de knieën voor hun Vader, aan wie ze hun bekoring niet hoefden mee te delen–hij wist het al.

WONDEREN

Aan de blinde gehoorzaamheid, als geloofsdaad verricht, beantwoordde het wonder. Zo voorzegde de starets gedurende de cholera-epidemie die in 1830 woedde, dat niemand in het klooster, noch daarbuiten, ziek zou worden op voorwaarde dat ze niet zonder zegen zouden uitgaan. Het dagelijkse leven van de zusters was doorweven van kleine wonderen, die zij uiteindelijk beschouwden als deel uitmakend van hun bestaan onder leiding van hun Batioesjka. Of het nu ging om een paard dat te zwaar belast was en niet in staat was een helling te nemen; of om een aardappeloogst; of om de molen die op een dag met felle wind gevaarlijk snel draaide, het wonder kwam steeds tussenbeide.

Eens zond de starets zusters uit om bosbessen te plukken in het woud. Een veldwachter te paard wilde hen verjagen en hief zijn zweep op. Maar de zweep viel uit zijn handen zonder dat hij die terug kon vinden. Hij vond het erg vervelend, de arme drommel, want de zweep was niet van hem. Toen de zusters het geval aan de starets vertelden, begon deze te lachen. "Laat hem zijn zweep maar zoeken", zei hij, "die ligt onder de grond".

Was het kleine, bijna dagelijkse wonder bedoeld om een geloof te versterken dat verstoken was van iedere intellectuele basis? De meeste religieuzen van Divejevo, vroeger boerenmeisjes, waren niet eens op school geweest.

"Vader heeft met mij lange tijd gesproken over het eeuwige leven", zo leest men vaak in hun verklaringen die zijn aangehaald in de Kroniek van Divejevo. Maar ze waren niet in staat te zeggen waarin zijn onderricht bestond. Daarentegen herinnerden zij zich heel goed de dag, toen zij haar Batioesjka in de wei over de toppen van het gras hadden zien lopen; eveneens de dag dat een toekomstige zuster, plotseling van een verlamming van de benen genezen, met hen ging hooien; of ook de dag waarop de starets, na een vermoeiende arbeid, in zijn hut in het woud hun een smakelijke vleesloze maaltijd had voorgezet, speciaal voor hun bereid, men weet noch hoe noch waarmee, terwijl hijzelf een oude broodkorst at die zij aan een touw hadden zien hangen in zijn kluis.

Zegevierde het paradijselijke klimaat dat de man Gods omgaf, en waarvoor ook de dieren gevoelig waren, over de wetten en de beperkingen van de materie? "Christus is opgestaan!" roept de starets uit. In hem rijst een getransfigureerde wereld op in het licht van de Geest. Voor hem bestaan geen gesloten deuren. Het wonder bloeit, teken van een terugkeer naar het paradijs. Maar waarom, zo vraagt men zich af bij het lezen in de Kroniek van Divejevo, van die zo eenvoudige verhalen, sprankelend van leven, van de tijdgenoten van de starets zoals Mantoerov, Vader Basilios en de zusters zelf, waarom die dwaze en nutteloze verspilling, die lawine van wonderen, uitgestort over die ruwe dorpelingen van een of andere provincie in het centrum van Rusland? Waarom die zo uitzonderlijke belangstelling van de Heilige Maagd voor de stichting en ontwikkeling van de Molen-communiteit? In het licht van de gebeurtenissen die zich in latere tijd voordeden, wordt het waarschijnlijk dat een profetisch visioen over de toekomst de grondslag vormde voor alles wat zich in Divejevo voordeed. Honderd jaar nadat de zusters van Divejevo gehoorzaam, zonder eten, een tocht van vierentwintig kilometer aflegden, hadden zusters als zij, de zielskracht om tijdens de vastentijd, in concentratiekampen met een hongerregime, de vasten te onderhouden; verkozen zij een hele dag onbeweeglijk te blijven staan in het ijskoude water van smeltende sneeuw, liever dan op Paasdag te werken; zij wekten door hun heldhaftig getuigenis de bewonderende nieuwsgierigheid op van de ongelovigen.

De Russische Kerk kent maar weinig gecanoniseerde vrouwen. Maar de Russische geschiedenis kent ook maar weinig of geen courtisanes. De heiligheid van Rusland ligt over de vrouwen verspreid. In verschillende gradaties zijn zij de draagsters van zijn ideaal. Een door Leo Tolstoj geschilderd vrouwenportret mag als voorbeeld dienen. Het gaat over zijn tante, die voor hem de plaats van zijn moeder innam toen hij wees werd.

"Wat me in haar vooral trof", aldus Tolstoj, "en wat het meeste invloed op mij uitoefende, was haar verbazende goedheid voor allen zonder uitzondering. Ik tracht me te herinneren, en het lukt me niet, dat zij zich ook maar één keer boos heeft gemaakt, een hard woord heeft gezegd of een oordeel heeft uitgesproken. En dat gedurende dertig jaar! Geen enkele keer in al die jaren. Nooit onderrichtte zij met woorden hoe men moest leven, nooit hield zij 'preken'. Heel haar geestelijke gerichtheid was inwendig, terwijl men uitwendig alleen haar daden zag–neen, zelfs niet haar daden maar haar leven, dat kalm was, zacht, berustend en beminnend, die niet voortkwamen uit een onrustige, op zichzelf gerichte liefde, maar uit een vredige en als het ware geheimvolle liefde. Zij werkte aan een werk van verinnerlijkte liefde en daardoor was het haar onmogelijk zich te haasten. En deze twee vermogens, de vrede en de liefde, maakten haar aantrekkelijk en gaven haar omgang een bijzondere charme. De sfeer van liefde die haar omgaf was blij, een liefde voor aanwezigen en afwezigen, voor levenden en doden, voor mensen en zelfs voor dieren".[28]

Vrede. Liefde. Berusting. Vreugde. Doet dat portret niet denken aan Serafim van Sarov? Door een spiritualiteit, identiek aan de zijne, was een vrouw als de tante van Tolstoj gevormd.

Het moederlijk instinct is bij de Russische vrouw bijzonder ontwikkeld, zelfs tegenover de man die zij liefheeft. Zij is geneigd medelijden te hebben met zijn zwakheden, eerder dan haar charme te gebruiken om zijn kracht te veroveren. Als Evdokimov in zijn 'De vrouw en het heil van de wereld' spreekt over de vrouw in het algemeen, dan heeft deze hedendaagse theoloog toch vooral aan de Russische vrouw gedacht. "Ze draagt het moederlijk charisma in zich Christus in de zielen van de mensen voort te brengen. Haar komt

---

[28] NICOLAS ARSENIEV, *Les Traditions Spirituelles de la Familie Russe*, in: *Orthodoxie dans la Vie. Verzameling gepubliceerd onder leiding van C. Verkhovskoy, New York, 1935 (Russisch).*

de taak toe de mannelijke ijver weer te verlevendigen die zo vaak-en steeds meer en meer-afglijdt naar het ontwijden van de mysteries en het verlies van de geestelijke waarden. In de huidige levensomstandigheden ligt de mogelijkheid tot heiligheid meer in de innerlijke aanleg van de vrouw dan in die van de man. Elke vrouw bezit een ingeboren vertrouwdheid, bijna een compliciteit met de traditie, het voortzetten van het leven".[29] Deze vrouwelijke eigenschap "de dingen te bewaren in haar hart" (Lc. 2,51), zoals Zijzelf deed, had de Heilige Maagd op het oog toen zij de titel van Overste der Molen-communiteit aannam. Zij voorzag dat om het geloof te behoeden in een land dat door vervolgingen werd geteisterd en dat bedreigd werd met ontkerstening, er geen behoefte was aan harten, bezwaard door een overdaad van menselijke wetenschap, maar wel aan gebroken harten, zoals het hare aan de voet van het kruis door een overmaat van lijden. Dit deelde ze mee aan haar uitverkoren Serafim.

DE DOOD

In deze haven van goddelijke beloften wierp Golgotha reeds zijn schaduwen vooruit. Rusland was in oorlog met Polen. Toen hij zich naar zijn legers begaf, hield generaal Koeprianov zich op te Sarov en maakte daar kennis met Michaël Mantoerov. Hij werd aangenaam getroffen door zijn openheid en prettige persoonlijkheid, getroffen ook door zijn praktische zin en de belangeloosheid waarmee hij de zaken van de starets behartigde; hij meende dan ook dat hij een ideale beheerder zou zijn om zijn landgoederen te besturen in de tijd dat hij oorlog

....

[29] P. Evdokimov, *La Femme et le Salut du Monde*, pp. 219-221.

voerde in het Westen. De starets was van dezelfde mening, maar om geheel andere motieven.

"Men wil je mij ontnemen, mijn vreugde", zegt hij aan zijn trouwe Misjenka (1).[30] Wat te doen? Je hebt me goede diensten bewezen. Ga nu elders diensten bewijzen. De boeren van de generaal zijn arm en verlaten, hun leven is hard. Men moet hen niet in de steek laten. Houd je met hen bezig, mijn vreugde. Wees goed voor hen. Behandel ze met zachtheid. Ze zullen van je gaan houden, naar je luisteren en naar Christus terugkeren. Vooral daarvoor zend ik je erheen. Neem ook je vrouw mee". En zich wendend tot Anna Mantoerov: "Wees een wijze vrouw voor hem. Hij is driftig, onze Misjenka. Sta niet toe dat hij zich laat gaan. Hij moet naar je luisteren".

Zij was blij te kunnen vertrekken. Het eeuwige geldgebrek waarmee de huishouding had te kampen was voor haar een pijnlijke zaak. In het begin, maar zonder hem in de steek te laten, had zij haar man met verwijten overladen. Maar, zo schreef zij in haar memoires, hij antwoordde slechts met zuchten. Het vooruitzicht wat geld te verdienen lachte haar wel toe.

Op de landgoederen van de generaal vonden de echtgenoten slechts zorgeloosheid, de boeren dwaalden als schapen zonder herder. In hun ontreddering hadden velen onder hen zich aangesloten bij sekten van oud-gelovigen. Door orde te brengen in de zaken van de generaal won Michaël hun vertrouwen. In grote getale keerden zij tot de Kerk terug, vooral na een gevaarlijke koortsepidemie, waarbij de zieken werden genezen door de gebeden van Vader Serafim én de raad die hij aan Mantoerov gaf om hen kruim van bruin brood te laten eten zonder andere medicijnen. De streek was echter moerassig en de malaria heerste er als een plaatselijke ziekte. Na twee jaar werd ook Michaël ziek en per brief vroeg hij aan zijn zuster de

....

[30] 'Misjanka*: teder, liefdevol verkleinwoord voor Michaël.

hulp van de starets in te roepen. Vergezeld van de schone Xenia begaf zij zich op weg naar Sarov.

"Je hebt mij altijd gehoorzaamd", zegt haar de oude man. "Welnu, mijn vreugde, ik zou je een opdracht willen geven".

"Ik luister, Batioesjka".

"Kijk, mijn vreugde, je broer Michaël is erg ziek. Hij moet sterven. Maar ik heb hem nog nodig voor het klooster, voor de 'wezen'. Welnu, dan is nu de opdracht die ik je geef de volgende: sterf in zijn plaats".

"Met uw zegen, Batioesjka", antwoordt Helena heel rustig.

Hij houdt haar lange tijd bij zich en spreekt haar over het eeuwige leven. Zij hoort toe, zonder een woord te zeggen. Maar plotseling roept zij uit: "Batioesjka! Ik ben bang voor de dood!"

De starets vroeg aan deze familie buitengewone dingen: aan de broer het offer van zijn fortuin; aan zijn zuster het offer van haar leven. In het klooster leidde zij een ascetisch leven, at alleen gekookte aardappelen en wat platte koeken die zij bewaarde in een zak die bij de deur van haar cel hing. "Wat? Zijn ze nu al op?" riep de keukenzuster soms verwonderd uit. "Ik heb de zak nog maar pas gevuld".–"Niet boos worden", antwoordde Helena vriendelijk, "neem mij niet kwalijk. Het is een zwakheid van mij, ik vind die koeken zo heerlijk". Ze sliep op een steen die bedekt was met een versleten kleed en gaf al haar bezittingen weg, maar steeds in het geheim. Iedereen hield van haar om haar grote goedheid. Als ze in de kerk een behoeftige zuster of pelgrim zag, liet ze dikwijls wat geld in hun hand glijden met de opmerking: "Kijk eens, Matoesjka, men heeft mij gevraagd je dat te geven".

Met haar onzekere temperament, gevoelig en nerveus, onderhevig aan duivelse visioenen, was Helena altijd bang geweest voor de dood. Het voorgevoel van het naderende einde van de starets vervulde haar met schrik en ze zei dat ze hem niet wilde overleven. Verhoorde hij dit verlangen door haar te vragen vóór hem te sterven? Sommigen beweerden dat Helena tuberculeus was en in elk geval veroordeeld en dat de starets dit wist. Gedurende lange tijd had zij in haar cel haar vroeger kamermeisje, Oestinia, opgenomen en met liefde verpleegd, een meisje dat nooit van haar had willen scheiden. Maar Oestinia had tering. Enige dagen voor haar dood had zij aan haar vroegere meesteres gezegd: Ik heb in een droom een mooie tuin gezien en een stem sprak tot mij: Die tuin is voor jou en voor Elena Vassilijevna.[31] Zij zal zich spoedig bij je voegen".

Had de starets, dit alles in aanmerking genomen, het recht haar overlijden te verhaasten? Hij bezat de gave om te genezen. Als dat meisje ziek was, kan hij haar dan niet genezen en ook haar broer Michaël?

Op de wanhopige uitroep van Helena: "Batioesjka, ik ben bang voor de dood!", antwoordde hij zachtjes: "Wij mogen niet bang zijn, mijn vreugde; het zal voor jou en mij het geluk zijn".

Ze nam afscheid. Maar nauwelijks over de drempel van de deur heen, viel zij in zwijm. De starets legde haar in de doodskist die hij bij de ingang bewaarde (wat de stakker niet erg gerust gesteld zal hebben toen ze weer bijkwam!), besprenkelde haar met wijwater en gaf haar wat te drinken.

Teruggekeerd te Divejevo werd Helena bedlegerig. "Ik zal niet meer opstaan", zei ze. Gevoelig voor indrukken als ze was, is het niet te verwonderen dat de schok die ze zojuist had gehad, haar dood verhaastte. Ze had een mooi sterfbed; gesterkt door de Sacramenten van de Kerk is ze heen gegaan, omgeven door hemelse visioenen. Het was de vooravond van Pinksteren. Men vertelde, dat de volgende dag, terwijl men in de Liturgie de Hymne der Cherubijnen zong, Helena Vassilijevna, in de nog geopende doodskist en ten aanschouwen van alle aanwezigen, driemaal zou hebben geglimlacht met een stralend gelaat.

---

[31] Elena Vassilijevna, naam en familienaam. In het Russisch: Helena, dochter van Vassilij (Basilios).

"Waarom wenen? Het is dom, mijn vreugden, om te wenen", zei de starets tot de schone Xenia en de zusters, ontroostbaar over het verlies van hun 'aardse overste'. U had ze moeten zien opstijgen en haar vlucht nemen naar het Koninkrijk Gods. Ze is nu eredame van de Koningin des hemels. "

DE EERSTE ZWALUW

Nochtans was er ook een overlijden waarbij de oude man weende. Toen hij postulanten aanwierf voor zijn nieuwe stichting, kwam zuster Parasceve hem bezoeken in gezelschap van haar jongste zus, die haar, volgens de beeldrijke uitdrukking van de oudste, 'als een hondje' had gevolgd. Ondanks haar jeugdige leeftijd, zij was pas dertien jaar oud, hield ze er koppig aan vast om binnen te treden in het klooster. Door haar bescheidenheid en zwijgzaamheid maakte ze indruk op de starets; ze had iets streng engelachtigs in haar jeugdige schoonheid. Zonder haar de gelegenheid te geven naar huis terug te keren, zond hij haar naar Divejevo. Zo lang dit wonderlijke meisje leefde, was het zijn bevoorrechte. Hij omringde haar met een bijzondere tederheid. Met haar alleen sprak hij over zijn visioenen en vertrouwde haar geheimen toe betreffende de toekomst.

"De onwaardige Serafim zou je rijk kunnen maken zo hij wilde", zegt hij haar, "maar het zou je tot niets dienen. Het vele zou bij jou niet toenemen, het weinige niet verminderen. In de laatste tijden zul je overvloed kennen, maar dan zal het het einde zijn".

Gezeten op een houtblok tekent hij het plan van het klooster[32], zoals het na zijn dood zou zijn, met een stenen omhei-

---

[32] Zo'n plan werd tot de Revolutie in Divejevo bewaard.

ning, meerdere kerken, een klokkentoren, nieuwe verblijven, een refter en een gastenverblijf. "En de grond?" vroegen de zusters. "Die zal van ons zijn. De tsaar zal met heel zijn familie komen. De grote klok zal luiden: Boem! Boem! (De starets doet het geluid van de klok na). Midden in de zomer zal men paashymnen zingen. Maar die vreugde zal van korte duur zijn".

Het gelaat van de grijsaard betrekt. Hij buigt het hoofd en tranen stromen langs zijn wangen. "Het leven zal dan kort zijn", zucht hij. "De engelen zullen nauwelijks de tijd hebben om de zielen te verzamelen".

Hij zegt nog andere dingen, onbegrijpelijke dingen, die de jonge Maria aan de zusters tracht over de brengen voor haar dood. Het ging over wat vaart op zee, wat vliegt in de lucht, over grote uittochten. "Maak zakken en 'lapti'[33] klaar, je zult die nodig hebben. Doe het zo spoedig mogelijk: één paar aan de voeten en één paar aan de riem, men kan nooit weten". Wie kon de uittocht en verspreiding van de Russen honderd jaar later tóen vermoeden?

Zijzelf ging vóór haar tijd heen op negentienjarige leeftijd. Heel haar korte leven was zij een voorbeeld van gehoorzaamheid geweest. Toen haar zuster Parasceve haar eens sprak over een zekere monnik van Sarov vroeg zij naïef: "Hoe zijn die monniken? Lijken ze allemaal op Batioesjka?"

"Je gaat geregeld naar Sarov en je hebt nog nooit monniken gezien?"

"Neen, nooit. Als ik naar Sarov ga, zie ik niets en hoor ik niets. Batioesjka heeft mij gezegd nooit naar de monniken te kijken. Dus trek ik mijn sjaal over mijn ogen om niets te zien dan de weg onder mijn voeten".

---

[33] 'lapti': schoeisel van berkenschors.

De starets kende in de geest het stervensuur van het lieve kind, dat hem zo na aan het hart lag.

Hij begon te wenen en zei tegen broeder Paulus die in de cel naast hem woonde: "Maria heeft deze wereld verlaten, Paulus. Het doet me zo verdriet, het doet me zo verdriet; ik kan maar niet ophouden met wenen, zoals je ziet".

Hij zond ontelbare kaarsen om bij haar begrafenis te branden en beval haar te kleden in het zogenaamde 'megalo-schema'. Tussen haar vingers strengelde men een rozenkrans van leer, een geschenk van de starets, en rond haar hoofd had men een mooie blauwe sjaal met franje gelegd, die hij haar gegeven had voor de dagen dat ze naar de communie ging. Het oude kind met de heldere ogen, dat Vader Serafim was, voelde hij zich in de geest verwant met het boerenmeisje, de eerste zwaluw van zijn klooster die heenging naar de eeuwige lente van het Koninkrijk Gods? "In de andere wereld", zo zuchtte hij, "zal zij sub-priorin zijn van de Molen-communiteit en mijn verloofde in de eeuwigheid".

Wat weet hij van de dood?

Eenmaal is hij er in geslaagd deze terug te dringen. Het was middernacht toen een bewoner van het naburige dorp, Vorotilov, zich aan de voeten van de starets van Sarov kwam neerwerpen, hem smekend om zijn stervende vrouw te redden. "Zij moet sterven" antwoordde hij. Maar snikkend smeekte Vorotilov op zijn knieën de man Gods voor zijn vrouw te bidden. De starets sloot de ogen. Na enige tijd opende hij ze weer, schitterend van blijdschap. "Wel, mijn vreugde", zei hij, terwijl hij Vorotilov hielp om op te staan. "Ga naar huis terug. De Heer geeft het leven aan je vrouw". Thuisgekomen vernam Vorotilov dat er een beslissende verbetering was ingetreden op het ogenblik dat de starets te Sarov voor de zieke had gebeden.

Groot is de macht van de mens, de mens die geleid wordt door de Geest Gods. Heeft Jezus niet verklaard: "Voorwaar,

voorwaar, Ik zeg u: Wie in Mij gelooft, ook hij zal de werken doen die Ikzelf verricht en zelfs grotere zal hij doen" (Joh. 14,12). Had Serafim van Sarov reeds vrije toegang tot die 'andere wereld', waar men anders ziet, anders oordeelt, waar men zich verheugt, terwijl men hier beneden treurt en waar voor de gewone stervelingen de zielen der overledenen verdwijnen? Hij bad veel voor de overledenen. Soms overkwam het hem, naar zijn eigen zeggen, dat hij zielen kon ontrukken aan de woede der demonen, die hen wilden tegenhouden op te stijgen naar de hemelse sferen[34].

DROEVIGE VOORGEVOELENS

Zijn eigen dood nadert. De starets was gewaarschuwd. Hij voelt zich oud worden. De menigten die in steeds groeiend aantal de Woestijn binnendringen en hem tot in het woud achtervolgen, vermoeien hem. Pijnlijk ook is de vijandigheid van abt Nifontes en van de meeste monniken vanwege het werk waar zijn voorkeur naar uitging: het klooster van Divejevo. Maar erger dan alles was de onoprechte en zoetsappige houding van hem die zich zou ontpoppen als vijand nummer één van zijn geliefde stichting.

Ivan Tikhonovitsj Tolstosjejev was een kleine burger van de stad Tambov; hij werd novice te Sarov en had aanleg voor schilderen, had een mooie stem en was zeker niet verstoken van capaciteiten en charme. Men noemde hem 'de schilder'. Had de starets zich voor deze keer vergist? Had hij van de jongeman zijn vertrouweling gemaakt? De herinneringen die deze later publiceerde zouden het doen geloven. Zou Vader Serafim, helderziende als hij was, zich daarna van hem heb-

....

[34] De heilige Teresa van Avila bezat dezelfde macht.

ben teruggetrokken, terwijl hij het hart van Ivan overliet aan een soort liefdeshaat? Intelligent en vol ambities besloot hij, teneinde carrière te maken, zich na de dood van de starets voor te doen als zijn bevoorrechte leerling en zijn opvolger te Divejevo.

"Toen ik naar Sarov ging", aldus leest men in de aantekeningen die Michaël Mantoerov na de dood van de starets heeft gemaakt en gepubliceerd in de Kroniek van Divejevo, "ontdekte ik niets afkeurenswaardig in Ivan Tikhonov. Ofschoon ik hem niet erg sympathiek vond, ging ik toch bij hem binnen om op zijn verzoek een kopje thee te drinken. Eens vroeg Batioesjka mij waar ik vandaan kwam. 'Ik heb thee gedronken bij de schilder van Tambov', antwoordde ik. 'Ach, mijn vreugde, ga daar nooit naartoe. Dat zal je schaden. Hij nodigt je niet uit met goede bedoelingen, maar om te spioneren'. Sindsdien bracht ik hem geen bezoek meer. Het was wonderlijk hoe Batioesjka alles van tevoren wist en hoe hij ons bewaarde voor alle kwaad".

Hij waarschuwt ook de zusters.

"Mijn vreugde", zegt hij tegen Moeder Eudoxia, "ik heb U op geestelijke wijze ter wereld gebracht; ik zal u niet verlaten. Vader Ivan vraagt dat ik u na mijn dood aan hem zal geven. Neen! Dat doe ik niet! Zijn hart en het hart van hen die zullen volgen, zullen koud zijn voor u. Hij zegt: 'U bent oud, Batioesjka, geef mij je dochters' en hij vraagt dit met een koud hart. Matoesjka, je moet hem in mijn naam zeggen dat je niets met hem te maken wilt hebben". Te zijner tijd deed zij dat ook.

"Een koud hart", herhaalt de starets met angst. Ivan Tikhonov zou een koud hart hebben. Waarom die angst van de grijsaard voor die koelheid van de valse leerling? Omdat de duivel koud is, hij die de vader van de leugen is.

Zuster Anna vertelt dat zij op zekere dag zich bij de wonderdadige bron bevond in gezelschap van Vader Serafim, die zich steunend op de putrand over het water boog. "Kijk, Matoesjka," zei hij plotseling. Ik zag dat het water troebel was geworden, en onrustig en vol ontzetting vroeg ik: "Wat heeft dat te betekenen?" Op hetzelfde ogenblik zag ik Ivan Tikhonov de helling afkomen. Batioesjka wees naar hem. "Hij is het die alles in de war gaat sturen. Hij heeft mij, arme Serafim, en ook de bron in de war gebracht en hij zal iedereen in de war brengen".

DE ROEMRIJKE KONINGIN DES HEMELS

In de moeilijke uren die aan zijn dood voorafgingen, toen de starets leed onder de gedachte aan de verwoestingen, die veroorzaakt zouden worden in het leengoed van zijn Vorstin door die valse man zonder scrupules, kwam de Koningin des Hemels hem versterken. Zij noemde hem 'Ljoebimitsje moj'– een onvertaalbaar woord van populaire tederheid–zo tussen 'mijn lieveling' en 'mijn uitverkorene' in.

"Eens ging ik", aldus vertelt Vader Basilios Sadovsky in zijn memoires, "drie dagen na het feest van de Ontslaping van de Moeder Gods, Vader Serafim te Sarov opzoeken, waar ik hem alleen in zijn cel aantrof. Hij ontving mij echt voorkomend en sprak me over het leven der heiligen, die God zo aangenaam zijn en waardig verschillende charismata te bezitten, zoals het ontvangen van wonderbare visioenen en zelfs van bezoeken van de Koningin des Hemels in eigen persoon. Na hier vrij lang over gesproken te hebben, vroeg hij mij: 'Heb je een zakdoek, Batioesjka?' Ik antwoordde: 'Welzeker'.

'Geef hem mij eens'. Ik deed het. Hij vouwde de zakdoek open, pakte enkele malen een handvol kleine witte koekjes uit een schaal en begon de zakdoek ermee te vullen. Ik had dit soort koekjes nog nooit gezien. 'Ikzelf heb ook bezoek gehad van een Koningin', vervolgde de starets. 'Dit heb ik van Haar bezoek overgehouden'. Terwijl hij deze woorden uitsprak was zijn gelaat zo blij en zo stralend dat het niet mogelijk is er een beschrijving van te geven. Hij knoopte zelf de zakdoek stevig dicht. 'Ga naar huis, Batioesjka, en eet de koekjes op en geef er ook van aan je 'vriendin' (zo noemde hij mijn vrouw altijd); ga dan naar de communiteit en geef elk van je geestelijke dochters drie koekjes in de mond'".

"Ik was nog jong", zo gaat Vader Basilios verder, "en ik begreep niet dat de Koningin des Hemels hem een bezoek had gebracht; ik dacht dat een aardse vorstin hem incognito had bezocht, maar ik durfde niet te vragen wie het geweest was. Pas later heeft de man Gods mij verklaard wie het was. 'De Koningin des Hemels, de Koningin des Hemels zelf, Batioesjka, heeft de arme Serafim bezocht. Wat een vreugde voor ons, Batioesjka! De Moeder Gods heeft met haar onuitsprekelijke genade de arme Serafim overstroomd. Ljoebimitsje moj, mijn uitverkorene, heeft de gezegende Vorstin me willen zeggen, vraag Me wat je wilt. Hoor je dit, Batioesjka? Wat een genade!' Bij deze woorden werd de man Gods, vervuld van overgrote blijdschap, geheel stralend van licht. 'En de arme ellendige Serafim heeft de Moeder Gods voor zijn 'wezen' gebeden en gevraagd dat ze allen zouden gered worden. En de Moeder Gods heeft de arme Serafim die onuitsprekelijke vreugde beloofd.

Eén jaar en negen maanden voor zijn dood had de starets het geluk voor de laatste maal–het was de twaalfde keer[35]–de hemelse Bezoekster te ontvangen. Het was in de ochtend van 25 maart 1831, de dag van de Aankondiging..

Moeder Eudoxia was getuige van dit bezoek zoals eertijds de monnik Micheas in de Laura van de Heilige Drievuldigheid getuige was van de laatste verschijning van de Allerzuiverste aan de heilige Sergius.

---

[35] De heilige pastoor van Ars, zijn tijdgenoot, zag haar ook twaalfmaal.

Na gebeden te hebben zei de starets tot de religieuze: "Wees maar niet bang. Houd je goed vast aan mij". Op hetzelfde ogenblik hoorde zij iets als het geluid van de wind in het woud. Een hemels licht verscheen. Gezangen weerklonken. De cel werd vervuld met aangename geuren. De starets viel op zijn knieën, de armen naar de hemel opgeheven. "O gezegende Maagd, Allerzuiverste Vorstin, Moeder van God", riep hij uit. Er verschenen twee engelen met palmen in de hand.

Toen kwam Zij binnen, voorafgegaan door de Voorloper en de heilige Johannes de Evangelist, die Zij als zoon had aangenomen aan de voet van het kruis en die Haar altijd vergezelde. Twaalf maagden volgden, hun gouden haar los over de schouders, met schitterende stenen versierd. Niet in staat dat gezicht te verdragen, viel de religieuze op de grond en verloor het bewustzijn. De Heilige Maagd zelf nam haar bij de hand en richtte haar weer op.

Moeder Eudoxia zag toen dat de starets niet meer op de knieën lag voor zijn hemelse Vorstin, maar rechtop stond en in gesprek met Haar was als een gelijke met een gelijke, in alle eenvoud. Wat de Koningin betreft, ook Zij sprak met hem op vertrouwelijke toon als tot een naaste bloedverwant.

Het onderhoud duurde lang, maar Moeder Eudoxia begreep alleen de laatste woorden:

"Mijn uitverkorene–Ljoebimitsje moj", zei de Allerzuiverste, "ge zult spoedig bij ons zijn".

En de verblindende verschijning verdween. Een dergelijke intimiteit met de Theotokos kan vreemd schijnen, ja zelfs schokkend, zodat het de getuigenis van Moeder Eudoxia zou afzwakken. Maar een man als de heilige Simeon de Nieuwe Theoloog bevestigt de mogelijkheid van een dergelijke vertrouwelijke omgang. "Degene die verrijkt is met hemelse rijkdom, ik bedoel, met de tegenwoordigheid en de inwoning van Hem die heeft gezegd: 'Mijn Vader en Ik zullen komen en onze intrek bij hem nemen', zo iemand kent van binnenuit de grootheid der genade die hij heeft ontvangen en de schoonheid van de schat die hij draagt in het kasteel van zijn hart. Zoals een vriend spreekt met een vriend, zo leeft hij in Gods nabijheid, op vertrouwelijke wijze, in de tegenwoordigheid van Hem, die woont in het ontoegankelijk licht. Gelukkig die daarin gelooft! Driemaal gelukkig die zich door oefeningen en heilige strijd erop toelegt om de kennis te veroveren van datgene waarover wij gesproken hebben: hij is een engel, zo niet méér, die door beschouwing en kennis is gekomen tot de hoogte van deze staat. Hij is dicht bij God, zoon van God".[36]

....

[36] *Syméon le Nouveau Théologien*. Chapitres Théologiques etc., Cent. 2, Chap. 9-10.

3
DE HEILIGE GEEST

DE DRAGER VAN EEN BOODSCHAP

Was Serafim van Sarov een van die mensen geworden, zoals er maar enkelen in een generatie voorkomen, volgens het gezegde van Isaak de Syriër, die, gedragen door het voortdurend gebed, de vrucht van de Heilige Geest, de top van de christelijke spiritualiteit bereiken? Had deze 'hemelse mens en menselijke engel', die door de Heilige Maagd was uitverkoren, alvorens de aarde te verlaten, nog een boodschap te verspreiden? Inderdaad.

Degene die hij uitkoos om zijn woordvoerder te zijn was noch een monnik, noch een geestelijke, maar, evenals Michaël Mantoerov, een jonge edelman uit de omgeving, die zwaar ziek was. Nicolaas Motovilov was een enige zoon die zijn vader al vroeg had verloren. Hij studeerde aan de universiteit, leefde zoals iedereen in de wereld, zondigde en leed. Aangetast door een ziekte die in die tijd nog ongeneeslijk was, waarschijnlijk multiple sclerosis, raadpleegde hij, naar zijn eigen zeggen zonder gevolg, allopathen, homeopathen en chirurgen die in en buiten Rusland beroemd waren. Wanhopig liet hij zich tenslotte naar Sarov brengen om de gebeden te vragen van de beroemde starets Serafim.

In zijn memoires schrijft hij: "Ik arriveerde in de Woestijn van Sarov op 5 september 1831. Ik had het geluk op 7 en 8 september, het feest van de Geboorte van de Heilige Maagd, twee keer een onderhoud te hebben met Vader Serafim in zijn cel, voor en na het avondeten. Ik werd echter niet genezen. De volgende dag, 9 september, bracht men mij naar zijn Nabije Woestijn bij de bron.[37] Hij was in gesprek met een menigte mensen die hem omringde. Vier van mijn mannen droegen mij in hun armen, een vijfde ondersteunde mijn hoofd. Ze brachten mij bij een grote en zeer dikke spar, die men er nog kan zien aan de oever van de rivier de Sarovka, in de weide waar de starets gewoon was te hooien. Op mijn verzoek mij te genezen, antwoordde hij: 'Ik ben geen geneesheer. Als men van enige ziekte genezen wil worden, moet men zich tot een geneesheer wenden".

De ongelukkige bekende zijn mislukkingen bij al die geneesheren en zei dat zijn enige hoop de genade van God door de tussenkomst van de gebeden van de starets was.

"Hij stelde mij een vraag", vervolgt Motovilov. 'Gelooft u in onze Heer Jezus Christus, dat Hij de God-Mens is, en in zijn Heilige Moeder die altijd maagd is gebleven?'

'Ik antwoordde: 'Ik geloof'.

'En gelooft u', vroeg hij nog, 'dat de Heer Die destijds door een enkel woord of een enkel gebaar onmiddellijk de ziekten der mensen genas, even gemakkelijk als vroeger allen te hulp kan komen die Hem aanroepen? En dat de tussenkomst van Zijn zeer Heilige Moeder altijd almachtig is en dat krachtens deze tussenkomst onze Heer Jezus Christus door een enkel woord u onmiddellijk de gezondheid kan teruggeven?'

....

[37] Isba, gebouwd voor de starets dicht bij de wonderbare bron in de nabijheid van het klooster.

'Ik antwoordde dat ik in waarheid uit heel mijn hart en ziel geloofde. Anders was ik niet gekomen'.

'Als u gelooft', zei hij bij wijze van conclusie, 'dan bent u reeds genezen'.

'Hoezo genezen?' vroeg ik, 'als mijn mannen en uzelf mij in uw armen houden?'

'Neen', zei hij. 'U bent helemaal genezen, heel uw lichaam is nu gezond'.

"Hij beval mijn mannen zich te verwijderen, pakte mij bij de schouders en richtte mij op.

'Houdt u goed en zet uw voeten op de grond, zo! Wees maar niet bang, u bent helemaal genezen!'

"En terwijl hij mij vrolijk aankeek, voegde hij eraan toe: 'Ziet u wel, hoe goed het gaat'.

'Natuurlijk gaat het goed, omdat u me vasthoudt', antwoordde ik.

"Waarop hij zijn handen terugtrok en zei:

'Nu houd ik u niet meer vast en zonder hulp staat u overeind. Ga nu maar zonder bang te zijn. God heeft u genezen. Ga nu maar. Vooruit!'

"Hij greep mij bij de hand en duwde mij licht in de rug, liet me enige passen zetten in het gras en op het oneffen terrein bij de spar, steeds herhalend: 'Ziet u nu vriend, hoe goed u loopt?'

'Ja, omdat u zo goed bent mij te leiden'.

'Neen, (hij nam zijn hand weg) de Heer heeft u helemaal genezen. Zijn Heilige Moeder heeft het Hem gevraagd. U kunt nu zonder mij lopen. Ga nu maar! En hij duwde mij vooruit'.

'Ik zal vallen en me pijn doen.'.

'Neen, u zult niet vallen en u geen pijn doen, maar met vaste stap gaan'.

"Ik voelde in mij een nieuwe kracht en begon stappen te zetten. Maar hij hield mij tegen.

'Zo is het genoeg. Bent u nu overtuigd dat de Heer u echt heeft genezen en voorgoed? Zie eens wat een wonder Hij voor u deed! Hij heeft uw zonden vergeven en uw ongerechtigheden weggenomen. Geloof dus in Hem, hoop op zijn goedheid, bemin Hem van ganser harte en dank de Koningin des Hemels voor haar weldaad. Maar u bent wel verzwakt door drie jaar lijden; loop dus nu niet te veel achtereen en zorg voor uw gezondheid als voor een kostbare gave van God'.

"God heeft uw zonden vergeven en uw ongerechtigheden weggenomen" heeft de starets gezegd. Bij de psychosomatische mens zijn de zonden en de fysieke kwalen meestal één. Toen Hij de lamme genas vroeg Jezus aan de farizeeën: "Wat is gemakkelijker te zeggen: uw zonden zijn u vergeven? of te zeggen: sta op en loop?" (Lc. 5,23). Eén ding wordt vereist: het geloof. Met aandrang stelde Vader Serafim zowel aan Mantoerov als aan Motovilov de vraag: "Gelooft u?" Toen de Heer het wonder had volbracht, stelde Hij vast: "Uw geloof heeft u gered".

De ziel van Motovilov was dus ziek, evenals zijn lichaam. Maar hoe wist Vader Serafim dit? De jongeman had zich ongetwijfeld gedurende zijn gesprekken van de vorige avond voor hem geopend, maar er was toch meer. Een starets bezit de hoedanigheid de mens te zien zoals hij inderdaad is, niet zoals hij denkt te zijn of zoals hij zich in zijn verwaandheid voordoet. "Onze zichtbare, maar niet reële deugden beletten ons te strijden tegen onze onzichtbare, maar reële zonden", zei Metropoliet Filaretos van Moskou. Een oppervlakkig en gehaast biechtvader stelt er zich mee tevreden om uit plichtsbesef de absolutie te geven aan dit stereotiepe en bedrieglijke beeld dat de penitent hem voorhoudt. Een starets daarentegen ziet, dankzij een speciale gave, ieder mens zoals God hem ziet en hij tracht hem te helpen om zich te bevrijden van zijn verborgen kluisters.

Nicolaas Motovilov was gecompliceerd en hartstochtelijk, edelmoedig en onstandvastig; maar bezat niet de blijde onbevangenheid, noch de zuivere eenvoud van een Michaël

Mantoerov. Toch koos de starets hém uit. Eenmaal genezen en vol dankbaarheid kwam hij dikwijls zijn weldoener opzoeken. Gedurende een van deze bezoeken, op het eind van de maand november 1831, ongeveer een jaar voor de dood van de starets, had het nu zo beroemd geworden 'onderhoud' plaats, over het doel van het christelijk leven, dat de man Gods bestemde "voor de gehele wereld", en dat Motovilov moest overbrengen.

HET DOEL VAN HET CHRISTELIJK LEVEN

"Het was op een donderdag", aldus schrijft Motovilov. "De lucht zag grauw. De aarde was bedekt met een sneeuwlaag en ononderbroken dwarrelden dikke sneeuwvlokken neer, toen Vader Serafim ons gesprek begon op een open plek in het bos in de buurt van zijn kleine kluis tegenover de Sarovka, die vloeit aan de voet van de heuvel. Hij liet mij zitten op een pas door hem gevelde boomstam en zelf hurkte hij tegenover mij neer.

'De Heer heeft mij geopenbaard', zei de grote starets, 'dat u sinds uw jeugd ernaar verlangd hebt het doel van het christelijk leven te kennen. Over dit onderwerp hebt u verscheidene personen, zelfs hoger geplaatsten in de kerkelijke hiërarchie, ondervraagd'.

Inderdaad werd Motovilov vanaf zijn twaalfde jaar gekweld door ongerustheden van die aard. Toch had hij daar met Vader Serafim niet over gesproken. Het antwoord dat hij ontving, verschilde duidelijk van wat hem tot dan toe was voorgehouden:

Het Doel van het Christelijk Leven bestaat in
het verwerven van de Heilige Geest.

"Het verwerven van de Heilige Geest? Maar wie is dan toch precies de Heilige Geest?"

De Derde Persoon van de Heilige Drievuldigheid. Geen onpersoonlijke en ontastbare kracht. Een Persoon tot wie de Kerk haar gebeden richt. De Geest kondigt de Messias aan, spreekt door de profeten, inspireert de Schriften, Hij rust op Christus tot aan het eind van zijn aardse dienstwerk. Verrezen, schenkt Christus de Geest aan zijn Kerk. "Daar waar de Geest is, daar is de Kerk", zal Ireneüs van Lyon[38] zeggen. In het Westen is deze Persoon, die geen eigen naam heeft, vergeten en wel zodanig dat het Tweede Concilie van het Vaticaan Hem kon noemen "de grote miskende", "Degene over wie men niet weet te spreken tenzij met holle woorden".[39]

Het Oosten heeft nimmer opgehouden Zijn mysterie uit te diepen. De kerkleraren hebben getracht Zijn rol te omschrijven; de hesychasten hebben Hem geroepen om het gebed van het hart te bevruchten; de Kerk heeft Hem aangeroepen bij elke Eucharistische viering op het ogenblik van de epiclese. Maar welke christen uit de negentiende eeuw stond Hem een bijzondere plaats toe in zijn bestaan van elke dag?

"Wat zegt u! 'Het verwerven?'" vraagt Motovilov perplex. "Ik begrijp het niet helemaal".

Dit is inderdaad ook moeilijk te begrijpen. Hoe kan men de Derde Persoon van de Heilige Drieëenheid verwerven, zich eigen maken, en welk voordeel zou de mens daaruit kunnen trekken?

En dan legt de starets uit:[40]

"De Heilige Geest is zowel de Gever van genade als de Gave zelf. In deze zin kan men Hem 'verwerven' door vol te worden van zijn genade, door Hem in ons te laten wonen, door 'tempels te worden van de Heilige Geest' (vgl. Ef. 2,22;

....

[38] Irenee De Lyon, *Adversus Haereses*, III, 21, 1.
[39] Boris Bobrinskoy, *Le Saint Esprit, Vie de l'Eglise*, in: *Contacts*, ◻ 55, 3ème trim., 1966, pp. 194-195.
[40] Voor de volledige tekst van het onderhoud, zie 'Tweede deel'.

2 Kor. 6,16). Elke deugd in de naam van Christus beoefend, geeft ons de genade van de Heilige Geest. En het gebed méér dan wat ook".

Maar Motovilov wordt ongeduldig. "Vader, u spreekt steeds maar over het verwerven van de genade van de Geest als doel van het christelijk leven. Hoe kan ik dat nu erkennen? Goede werken zijn zichtbaar, maar hoe kan de Heilige Geest gezien worden? Hoe kan ik weten of Hij al dan niet met mij is?"

GOD ZIEN

De grote vraag is gesteld. Kan de mens God zien, ja of neen? Volgens Aristoteles heeft elke kennis haar oorsprong in de zintuiglijke waarneming. Omdat God uitgaat boven alle zintuiglijke waarneming kan, volgens de neo-platonici, de mystieke kennis slechts op symbolische wijze reëel zijn.

De kwesties betreffende de Heilige Geest en de genade vormden vanaf de negende eeuw te Byzantium het centrale punt waaromheen het theologische denken, onafscheidelijk verbonden met de spiritualiteit, zich bewoog. Op het einde van de tiende eeuw en bij het begin van de elfde, verdiende de abt van het klooster van de heilige Mammas te Constantinopel, Simeon, genoemd de 'Nieuwe Theoloog', ten volle deze titel, gegrepen als hij was door het mysterie van de Heilige Geest die in ons woont en zich in de hoogste graden van het geestelijk leven openbaart als Licht.

Wat is de aard van dat goddelijk Licht? Is het een zinnelijke of een verstandelijke waarneming?

"God is Licht", zegt de heilige Simeon, "en Hij deelt van Zijn Helderheid mee aan hen die zich met Hem verenigen, in de mate van hun zuivering, o wonder! De mens verenigt zich zowel geestelijk als lichamelijk met God, want zijn ziel scheidt zich niet van de geest, noch zijn lichaam van zijn ziel. God verenigt zich met de gehele mens".[41]

"Hij die God is van nature, onderhoudt zich met hen die Hij tot goden heeft gemaakt door genade, zoals een vriend zich onderhoudt met zijn vrienden, van aangezicht tot aangezicht ... De Heilige Geest wordt in hen alles wat de Schrift zegt over het Rijk Gods".[42]

"Wij spreken niet over dingen die wij niet kennen", aldus Simeon, "maar wij leggen getuigenis af over wat ons bekend is (...) God is licht en zij die Hij waardig maakt Hem te zien, zien Hem als Licht, zij die Hem hebben ontvangen, hebben Hem ontvangen als Licht. Want het licht van zijn glorie gaat zijn aangezicht vooraf en het is onmogelijk dat Hij anders verschijnt dan in het licht".[43]

Later, in de veertiende eeuw, gaf de brandende kwestie over de mogelijkheid van een werkelijke vereniging met God, van de toegankelijkheid van zijn ontoegankelijke natuur, in Byzantium opnieuw aanleiding tot heftige theologische debatten. De heilige Gregorius Palamas (1296-1359), woordvoerder van de Athos-monniken en aartsbisschop van Tessalonika, verdedigde voor de vaak rumoerige concilies het standpunt der hesychasten, dat geen twijfel liet over de realiteit van het ongeschapen Licht.

Wij zullen hier niet in bijzonderheden treden aangaande een leer die teruggaat tot op de eerste eeuwen van de Kerk en deel uitmaakt van haar oosterse traditie, die door de Griekse Vaders werd beleden. Gregorius Palamas komt de verdienste toe haar definitief te hebben geformuleerd en door een dogmatische ondergrond te hebben ondersteund. Volgens hem

....

[41] Simeon de Nieuwe Theoloog, *Sermoen 25*. (In het Russisch). Uitgave Athosberg.

[42] Ibid., *Homilie XC*. (In het Russisch). Uitgave Athosberg.

[43] Ibid., *Homilie LXXIX*, 2de uitgave in het Russisch Athosberg, pp. 318-319.

moet men in God onderscheid maken tussen Zijn Wezen, totaal onkenbaar en ontoegankelijk, én Zijn krachten, die uitgaan van Zijn goddelijke aard. Zij vloeien eeuwig voort uit het éne Wezen van de Drieëenheid en tot deze werken heeft de mens toegang. De Vaders gaven aan die krachten de naam van 'stralen van godheid'. Palamas noemde ze kortweg 'godheid', 'ongeschapen licht' of 'genade'[44].

Dat is "het ontoegankelijk licht waar God woont", waarover de heilige Paulus spreekt in 1 Tim. 6,16.

Het is de glorie waarin God verscheen aan de rechtvaardigen van het Oude Testament.

Het is het eeuwige licht waarvan de mensheid van Christus was doordrongen en die Zijn Godheid zichtbaar maakte aan de apostelen tijdens de Transfiguratie.

Het is de ongeschapen en vergoddelijkende genade, voorspel van de Verrijzenis, deel van de heiligen der Kerk die leven in eenheid met God.

Tenslotte is het het Koninkrijk der hemelen, waar de rechtvaardigen zullen schitteren als de zon (Mt. 13,43).[45]

IN RUSLAND

Hebben de Russische heiligen dat ervaren?

Een tijdgenoot van Gregorius Palamas, de heilige Sergius van Radonez (1314-1392) werd eens gezien door de monniken Isaak de Zwijger en Macarios terwijl hij een Liturgie vierde met zijn broer, en een derde celebrant stralend van licht. Toen de Liturgie was afgelopen, vroegen zij wie die derde was. "Als God u dat geopenbaard heeft", antwoordde

---

[44] Vladimir Lossky, *Théologie Mystique de l'Englise d'Orient*, p. 71.
[45] Vladimir Lossky, *o.c.,* p. 74.

de heilige, "mag ik het u niet verborgen houden. Degene die gij gezien hebt, is een engel des Heren; en niet alleen vandaag, maar altijd celebreer ik, onwaardige die ik ben, samen met hem".[46]

Een andere keer zag de priester Simon onder de Liturgie een vuur zich verspreiden rond het altaar en op het ogenblik van de Communie binnengaan in de kelk, waaruit de heilige dronk.

Maar laten we terugkeren naar het woud van Sarov waar, onder de sneeuw die langzaam uit een grijze hemel neerdwarrelde, de starets Serafim in de negentiende eeuw zich over deze mysteries onderhield met een jonge leek, Motovilov.

Vanuit datgene wat we zo-even gezegd hebben, is het gemakkelijker hun onderhoud te volgen en waardering op te brengen voor de nauwkeurige overeenstemming van de woorden van de starets– toch even gemoedelijk als altijd–met de orthodoxe traditie.

INTELLECTUELE HOOGMOED: HINDERPAAL VOOR HET ZIEN

Op de vraag van Motovilov: "Hoe kan de Heilige Geest gezien worden? Hoe kan ik weten of Hij met mij is?", antwoordde de starets:

'In de tijd waarin wij leven is men zo lauw in het geloof geworden en tot zo'n grote ongevoeligheid gekomen aangaande de vereniging met God, dat men zich bijna totaal heeft verwijderd van het ware christelijke leven (...) Onder het voorwendsel van onderricht en wetenschap, hebben we

---

[46] Pierre Kovalevsky, *Saint Serge et la Spiritualité Russe*. Ed. du Seuil, "Maîtres Spirituels", pp. 116.

ons in een zodanige duisternis van onwetendheid gestort, dat we alles waarvan de ouderen een vrij helder begrip hadden, ondenkbaar zijn gaan vinden. Die ouderen konden onder elkaar spreken over de openbaringen van God aan de mensen, als door ieder gekend en geenszins als iets vreemds'.

Vijfhonderd jaar eerder, op de drempel van de Renaissance, formuleerde Gregorius Palamas reeds dezelfde gedachte. "Sommige mensen miskennen het doel dat aan de christenen voorgehouden wordt", zei hij ironisch, "onder voorwendsel dat het te bescheiden is: namelijk de onvoorstelbare goederen die u beloofd zijn voor de komende eeuwen! Alleen maar op de hoogte van de experimentele wetenschap brengen zij deze binnen de Kerk van hen die zich toeleggen op de wijsheid van Christus. Zij die geen wetenschappelijke kennis bezitten, zijn onwetende en onvolmaakte wezens, verklaren zij.[47]

In een geseculariseerde en materialistische wereld als de onze, hebben deze ideeën zich kunnen ontwikkelen en opgang kunnen maken. "Er zijn vele manieren om in het geloof te kort te schieten", denkt een anonieme Russische theoloog, wiens geschriften onlangs door het IJzeren Gordijn konden komen. "Het ergste is een redelijk en redenerend geloof te bezitten! Het is zeker niet uitgesloten dat het geloof kan worden verdedigd met behulp van de rede, op voorwaarde dat het verstand, in staat van genade, zich voedt met de 'diepten van het goddelijk leven'. Zodra die bron is opgedroogd begint het religieuze rationalisme. En dit komt overeen met de woorden van de heilige Paulus: 'Als iemand kennis meent te bezitten, kent hij nog niet op de juiste wijze. Maar wie liefheeft, die is bekend door Hem' (1 Kor. 8,2-3)".

---

[47] Jean Meyendorff, *Saint Grégoire Palamas et la Mystique Orthodoxe*. Ed. du Seuil, "Maitres Spirituels", pp. 112-113.

'Maar, Vader', insisteerde Motovilov, 'hoe kan ik in mij de aanwezigheid van de genade van de Heilige Geest waarnemen?'

'Ik heb je reeds gezegd dat dit heel eenvoudig is. Wat wil je nog meer?'

'Ik zou het nog beter willen verstaan'.

"Toen", schrijft Motovilov, "nam Vader Serafim mij bij de schouders en zei:

'Wij beiden zijn in de volheid van de Heilige Geest. Waarom kijk je me niet aan?'

'Dat kan ik niet, Vader. Er stralen bliksems uit uw ogen. Uw gezicht is lichtender geworden dan de zon'.

'Wees niet bang. Je bent even lichtend geworden als ik. Ook jij bent nu in de volheid van de Heilige Geest, anders had je me niet kunnen zien (...) Waarom kijk je me niet in de ogen? Kijk mij gerust aan, zonder vrees, God is met ons'.

"Ik keek hem aan en een nog grotere vrees maakte zich van mij meester. Stel u voor, een mens die tot u spreekt, zijn gelaat bevindt zich als het ware in het centrum van een middagzon. U ziet de beweging van zijn lippen, de veranderende uitdrukking van zijn ogen, u hoort de klank van zijn stem, u voelt de druk van zijn handen op uw schouders, maar tegelijkertijd bemerkt u noch zijn handen, noch zijn lichaam, noch het uwe, niets dan een tintelend licht dat zich in het rond verspreidt op een afstand van meerdere meters en de sneeuw verlicht die het weiland bedekte en zachtjes neerviel op de grote starets en op mijzelf. Hoe te beschrijven wat ik toen ondervond!

'Wat voel je?' vroeg de starets.

De samenspraak die eruit voortvloeit is buitengewoon. Motovilov is gelukkig. Zijn ziel is vol stilte en vervuld van vrede en vreugde. Zijn lichaam geniet, ondanks de koude, een aangename warmte. Hij ademt een heerlijke geur in. En de starets verklaart uitvoerig al deze toestanden.

"Zo moeten de dingen zijn", besluit hij, "wanneer de goddelijke genade zich in het diepst van ons huisvest, in onze harten. 'Het Koninkrijk der hemelen is in u', leert ons de Heer. Onder dit Koninkrijk der hemelen verstaat Hij de genade van de Heilige Geest. Deze staat waarin wij ons thans bevinden, had de Zaligmaker op het oog toen Hij aan zijn leerlingen beloofde: 'Voorwaar, Ik zeg u: onder de hier aanwezigen zijn er die de dood niet zullen ervaren, voordat zij zien dat het Rijk Gods is gekomen in kracht' (Mc. 9,1)".

En wat zien ze? De Gedaanteverandering in het licht van de Tabor.

"Mij dunkt, dat u me niet meer zult ondervragen, vriend van God, over de wijze waarop zich in de mens de tegenwoordigheid der genade van de Heilige Geest openbaart. En deze openbaring, zult u haar zich blijven herinneren?"

VERSPREIDING VAN DE BOODSCHAP

"Vader, ik weet niet of God me waardig zal maken om deze genade altijd zo helder in mijn geheugen te bewaren als nu".

'En ik, daarentegen', antwoordde de starets, 'ik geloof dat God u zal helpen deze dingen altijd in uw geheugen te bewaren. Anders toch zou Hij niet zo aanstonds bewogen zijn door mijn nederig gebed en zou Hij niet zo vlug het verlangen van de arme Serafim verhoord hebben. Dit te meer, omdat de openbaring van deze genade niet alleen aan u is geschonken, maar door uw tussenkomst aan heel de wereld'".

Men kan slechts in bewondering staan voor de rustige zekerheid waarmee vanuit het diepst van de bossen, waarin het leven van de kluizenaar zich had afgespeeld, de starets de verspreiding over de hele wereld voorspelde van een boodschap, die toevertrouwd werd aan een jonge leek, die in feite weinig was voorbereid om zich de inhoud te blijven herinneren. "Maar als het onderricht komt van de Geest", aldus Vader Serafim, "dan blijft de herinnering bewaard". Zonder zijn hulp is het inderdaad duidelijk dat Motovilov nooit in staat zou zijn geweest een gesprek weer te geven dat vol was van leerstellingen, van theologie en Bijbelteksten.

MONNIK EN LEEK

"Wat onze staat betreft, maak u er geen zorgen over dat ik monnik ben en u leek", zei de grijsaard. De jonge ondervrager van de starets is een leek. Hijzelf een monnik. "Dat doet niet terzake", bevestigt de starets. "Alleen het geloof en de liefde tellen mee". Eigenlijk was hijzelf ook geen theoloog. Wat dan wel? Een hesychast die geheel gebed was geworden. En de orthodoxe wijsheid zegt: wie kan bidden, is theoloog.

"Men moet de theologie der Vaders van binnenuit bezitten. Daarbij kan de intuïtie belangrijker zijn dan de eruditie. Zij alleen wekt de oude teksten tot leven en schept ze om tot getuigenis. En deze intuïtie is niets anders dan de genade van de Heilige Geest".[48]

Deze intuïtie, voortgekomen uit de genade, bezat starets Serafim in de hoogste graad zodat hij zijn woorden wist te verhelderen met een zichtbaar en levend getuigenis. Simeon de Nieuwe Theoloog leert dat de realiteiten van de toekomende eeuw, waarmee de volmaakten vertrouwd zijn en reeds hier op aarde ontwaren, in het bereik zijn van alle christenen omdat ze opgesloten liggen in de doopgenade. Maar om werkzaam te zijn moet deze genade niet alleen maar ontvangen worden in het sacrament maar ook "verworven worden met moeite en veelvuldige inspanningen".

---

[48] G. Florovsky, *De Wegen van de Russische Theologie*. Parijs, 1937, p. 506 *(Russisch)*.

"De deugd", aldus Vader Serafim, "is geen peer die in een enkele hap wordt opgegeten".

Evenzeer als de gehoorzaamheid, predikte hij het geduld. "Het opstijgen naar het Koninkrijk eist geduld en edelmoedigheid. Want het is beslist niet gemakkelijk om de gehechtheid aan de ijdelheden van deze wereld te overwinnen".

"Pas nadat men met de hulp van het gebed vele onvrijwillige bekoringen heeft ondergaan, wordt men een nederig mens, zeker en ervaren".

"Het geduld is de toeleg van de ziel op het werk".[49]

ONS GEDRAG HIER BENEDEN

Omdat het hart van de mens in staat is het Koninkrijk der hemelen in zich te bevatten, is het nodig dat hij dit Rijk vóór alles zoekt, wat niet wil zeggen dat ieder aards genoegen hem verboden zou zijn.

"Nood, moeite en ongelukken maken deel uit van ons bestaan, maar ze moeten er niet heel de inhoud van uitmaken. Daarom de aanbeveling van de Heer, door de mond van de apostel, om elkanders lasten te dragen. Hijzelf beveelt ons elkander lief te hebben, opdat door deze liefde versterkt, de smartelijke weg naar het hemels vaderland ons gemakkelijker toeschijnt. (...) Alles wat u de Heer vraagt, zult u verkrijgen, als het tenminste strekt tot glorie van God en het welzijn van de naaste. Want God scheidt het welzijn van de naaste niet van zijn glorie. "Alles wat u aan de kleinsten onder u hebt gedaan, dat hebt u aan Mij gedaan".

En de starets eindigt met een originele gedachte:

---

[49] *Kroniek van Divejevo*, pp. 78-79.

"Als je vraagt om iets goeds voor jezelf, let er dan wel op alleen te bidden om dingen die je dringend nodig hebt. Je zult wellicht verhoord worden maar dan zal je wel rekenschap worden gevraagd waarom je dat wilde krijgen, wat je toch gemakkelijk had kunnen missen .

"Ziedaar, vriend van God, ik heb je nu alles gezegd. Ik heb je laten zien in volle werkelijkheid, wat de Heer en zijn Heilige Moeder je door mijn nederige tussenkomst hebben willen openbaren ...

Amen. Ga in vrede".

En Motovilov besluit met een verklaring:

"Zelf heb ik met eigen ogen de straling van het onuitsprekelijke licht gezien waarvan de heilige de bron was, en ik ben bereid het met een eed te bevestigen".

GEDAANTEVERANDERING

Wat een verfijnde Byzantijn, Simeon de Nieuwe Theoloog, had onderwezen en bezongen in zijn geschriften en preken, schoon als gedichten, dat heeft de 'arme' Serafim in een landelijke omgeving heel eenvoudig aangetoond aan een verbaasde jongeman, nog traag van begrip. Ver van de Sinaï, van Palestina, van Griekenland, heeft het 'ongeschapen' Licht zich laten zien in een ontoegankelijk en somber woud op een koude novemberdag. De hemel was grauw en het sneeuwde. Langzaam, rustig, onhoorbaar, viel de sneeuw. Niets is te vergelijken met de wattige zachtheid van een sneeuwdag in Rusland. Evenals bij de profeet Elia komt God niet in storm of onweer. Hij komt voor starets Serafim in de vrede van vallende sneeuw.

Aan de jongeman die tegenover hem op een boomstronk zit, geeft de grijsaard de vreemde titel van 'Uw Theophilie', vriend van God. Want al degenen die God zoeken met een oprecht hart, zijn vrienden van God. Motovilov vertegenwoordigt deze zoekers. Aan de universiteit beïnvloed door het Westen, met een hartstochtelijk temperament en een onrustige ziel, is hij reeds tijdgenoot van de opstandige studenten, die zieken, zo talrijk in de twintigste eeuw. Van hen heeft een bekend psychiater kunnen zeggen: "Ongeveer een derde van de patiënten is niet aangetast door een te omschrijven klinische neurose, maar zij lijden eronder dat hun leven zonder zin en inhoud is".[50]

Aan Motovilov, die op zoek is naar deze zin, antwoordt de starets: 'De Heilige Geest, synoniem met het 'Koninkrijk Gods', leidt Hij er ons naartoe. Wie is Hij tenslotte anders dan de Bewerker van onze vergoddelijking? Want in navolging van de heilige Ireneüs hebben de Kerkvaders niet opgehouden te bevestigen dat "God is mens geworden, opdat de mens God kon worden".[51] Bedwelmend perspectief! Tegengif, dat een eeuw later een geseculariseerde wereld, dronken van onzekerheid, zo wanhopig nodig zal hebben.

Had de 'kleine gedaanteverandering' van starets Serafim geen andere getuige dan Motovilov omdat de verspreiding ervan buiten het woud van Sarov in die tijd ongelegen zou komen? Rusland was nog niet klaar; de wereld daarbuiten nog minder.

In afwachting daarvan tekende Motovilov met de hulp van de Heilige Geest zijn dialoog met de starets op in zijn memoires, welke hij vóór zijn dood, zo'n veertig jaar later, toevertrouwde aan zijn vrouw. Toen zij op haar beurt haar einde voelde naderen, haalde zij deze van de zolder, waar zij ze verborgen had, om ze toe te vertrouwen aan een voorbijkomende schrijver die de dialoog over de Heilige Geest

---

[50] C.G. Jung, Seelenprobleme der Gegenwart, p. 96.
[51] Ireneus van Lyon, Adversus Haereses, V. Praef. P.G., t. 7, col. 1120.

publiceerde in het 'Dagblad van Moskou' onder de titel: "Hoe de Geest Gods zich openbaarde in de heilige Serafim tijdens zijn gesprek over de zin van het christelijk leven".

Hij kon zeggen 'heilige Serafim' want de heiligverklaring van de starets vond in datzelfde jaar 1903 plaats, zeventig jaar na zijn dood, tweeënzeventig jaar na het onderhoud bij zijn Nabije Kleine Woestijn in het woud.

DE GROTE AFREIS

Zoals vele heiligen kende Vader Serafim van te voren het uur van zijn dood en bereidde hij zich erop voor. Aan zekere personen zei hij: "Als u terugkomt in Sarov zult u mijn deur definitief gesloten vinden". Aan anderen zond hij boodschappen. "Zij zelf zullen me niet meer zien". Aan broeder Paulus die naast hem woonde, kondigde hij aan: "Het einde zal spoedig komen". Eenvoudig van hart als hij was, vroeg de goede broeder Paulus zich af of de starets het had over het einde van de wereld. "Mijn krachten nemen af", zei hij, "mijn lichaam is aan alles afgestorven, maar mijn geest, het is alsof hij gisteren geboren was!" Toen hij die woorden uitsprak, schitterde zijn gelaat van dat blije licht dat men er zo vaak op zag stralen.

De grootste zorg van de oude man bleef Divejevo, waarvan hij de verwarde en stormachtige toekomst voorzag.

"Nu ontbreekt u niets", zei hij aan de zusters, "maar als ik er niet meer zal zijn, zullen u veel, ja heel veel ongelukken treffen. Wat te doen? Het is uw lot! U zult geduld moeten hebben. Bidt voortdurend. Dankt God voor alles. Weest altijd blij. Laat de geest van ontmoediging u niet meeslepen. Bidt voor uw weldoeners. Dankt ze niet met woorden. Als u ze rechtstreeks bedankt, ontneemt u hun de beloning waar ze recht op hebben. Als ik er niet meer ben, komt dan naar mijn graf, als u er tijd voor hebt, zo vaak mogelijk. Vertel me al wat u op het hart hebt als was ik nog levend, al uw moeiten, met het gelaat naar de grond. Ik zal naar u luisteren en uw droefheid wegnemen. Want voor u zal ik altijd levend blijven".

"Ik vertrouw u toe aan God en Zijn Heilige Moeder. Vreest niets. Na veel beproevingen zal de orde in het klooster hersteld worden met de twaalfde overste, die Maria zal heten".

Voor Vader Basilios, priester van Divejevo en biechtvader van de monialen, hernieuwde hij zijn instructies over de lankmoedigheid. "Hij beval mij", zo schreef Vader Basilios, "in de biechtstoel zo toegeeflijk mogelijk te zijn, wat ik ook altijd gedaan heb, ondanks de kritiek". Deze toegevendheid, gebaseerd op de onbeperkte hoop op de goedheid van God, was één van de in het oog springende trekken van de spiritualiteit van Vader Serafim. De zondaars en de 'ongelukkigen' waren voor hem één en dezelfde.

De eerste januari 1833 was een zondag. De starets ging naar de kerk waarvoor hij in zijn jeugd geld bijeen gebedeld had, vereerde er de iconen, stak er kaarsen voor aan, wat tegen zijn gewoonte was, en communiceerde bij de Liturgie. Toen het officie geëindigd was, nam hij afscheid van de aanwezige broeders, omhelsde hen, zegende hen en verliet de kerk door de noorderpoort. Men kon het hem aanzien hoe vermoeid en verzwakt hij was, maar zijn voorkomen was rustig en blij als altijd.

Gedurende de gehele dag ontving hij veel mensen. Aan een zuster van Divejevo gaf hij tweehonderd roebel om er brood voor te kopen in een naburig dorp, want de voorraad van de communiteit was uitgeput. Aan een andere zuster zei hij: "Wel, Matoesjka, wat een Nieuwjaar zult u hebben! De aarde zal vervuld zijn van zuchten en tranen".

Maar niemand wilde geloven dat hij zou sterven.

Broeder Paulus merkte evenwel op dat de starets die dag tot driemaal toe zijn cel verliet om te gaan naar een plaats bij de kerk van de Ontslaping van de Moeder Gods, die hij eens had aangewezen als de plaats van zijn toekomstig graf. Hij bleef er lang en peinzend naar de aarde staren.

Laat in de avond hoorde broeder Paulus hem zingen. Het was in de Kersttijd, maar het waren Paashymnen die uit de cel van Vader Serafim opstegen: "Na de opstanding van Christus te hebben gezien", "Schitter, schitter, Nieuw Jeruzalem..." "O, Christus, ons zeer heilig Pasen ...", "Christus is uit de doden opgestaan en door Zijn dood heeft Hij de dood overwonnen ...".

In de morgen, tegen zes uur, toen hij zich naar het officie wilde begeven, rook broeder Paulus bij de ingang een brandlucht. Hij had Vader Serafim dikwijls gewaarschuwd voor een mogelijke brand wanneer deze naar het woud vertrok en zijn cel achterliet vol brandende kaarsen. De starets had daarop geantwoord dat er niet het minste gevaar bestond, alleen zijn dood zou worden aangekondigd door het begin van een brand.

Op dit ogenblik dacht broeder Paulus daar echter niet aan. Na het gebruikelijke gebed gezegd te hebben, klopte hij op de deur maar kreeg geen antwoord. Buiten ontwaarde men in de duisternis monniken die naar de kerk gingen. Broeder Paulus riep: "Vaders en broeders! Het ruikt hier naar rook! Ik vraag me af wat er brandt. De starets moet naar zijn Woestijn zijn gegaan".

Een jonge novice, Anikita, kwam toegelopen en met een forse duw met zijn schouders liet hij de haak van de deur springen. In de cel zag men stukken linnen samen met wat boeken die hier en daar op een bank lagen, langzaam verbranden doordat een kaars van de kandelaar was gevallen. Er was geen ander licht. De monniken vroegen zich af of de starets misschien in slaap was gevallen na een nacht in gebed te hebben doorgebracht en besluiteloos verdrongen zij zich bij de deur.

Intussen werd in de kerk de ochtendliturgie voortgezet. Na de epiklese zong men: "Waardig zijt Gij, eeuwig te worden geprezen, Moeder van God", toen een jongen binnenstormde en de monniken op de hoogte bracht van wat er gebeurde. Verscheidenen kwamen naar buiten en haastten zich naar de cel van de starets.

Tastend in het duister waren ondertussen broeder Paulus en de novice Anikita bij Vader Serafim gekomen. Men bracht een kaars binnen en bij dat schaarse licht zag men de man Gods op de knieën liggen voor de icoon van de Maagd-der-tederheid, de 'Vreugde aller vreugden', zoals hij Haar noemde. Met ontbloot hoofd en gekleed in zijn eeuwige witte jas knielde hij daar met het Evangelie dat hij gewoon was te lezen, open voor zich. Zijn handen waren over zijn borst gekruist boven het koperen kruis, dat voor hem als de zegen gold van zijn moeder en dat hij nooit had afgelegd. Zijn gelaat was vredig en sereen. Sliep hij? Men trachtte hem zachtjes te wekken. Maar zijn ogen gingen niet open. Op zijn knieën vóór zijn hemelse Vorstin was de starets voor altijd ingeslapen.

ZIJ DIE ACHTERBLIJVEN

Terwijl te Divejevo het klooster vervuld was van zuchten en wenen, bereidde men zich te Sarov voor op de begrafenis van de grote monnik wiens tegenwoordigheid gedurende vijftig jaar de Woestijn had geheiligd.

Acht dagen lang bleef het lichaam zichtbaar opgebaard in de kathedraal van de Ontslaping van de Moeder Gods. Duizenden mensen, van heinde en ver gekomen, haastten zich om van hun beminde 'Batioesjka' afscheid te nemen. Op de dag van de begrafenis stond de menigte zo dicht opeen gepakt dat de kaarsen rond de kist doofden door gebrek aan lucht. Abt Nifontes leidde de dienst. Er werd geen preek gehouden.

De woorden van de starets stonden nog té levendig in aller geheugen en deden er dienst voor.

Wat betekende de starets voor deze menigte? Een wonderdoener, een ziener, een duivelbezweerder of een profeet? Een echte vader! Met alles wat vaderlijkheid meebrengt aan wijsheid, kracht, standvastigheid en mannelijke tederheid. Iemand aan wie men alles kon zeggen met de zekerheid nooit afgewezen te worden of onbegrepen te zijn. Door contact met hem kregen de mensen die door het leven geslagen waren, weer nieuwe hoop en ontdekten dat ze beter waren dan ze dachten. De zondaars veranderden in verloren zonen.

Men weent als men een geliefde persoon heeft beledigd, terwijl men er geen spijt van heeft als men de bevelen van een despoot heeft overtreden. Volgens de zienswijze van de starets is God liefde, louter liefde. Dat wordt al te vaak vergeten. In plaats van de zondaars terneer te drukken en hen te bedreigen, sprak Vader Serafim over de goddelijke barmhartigheid. "Als wij een oceaan zouden vullen met tranen van berouw", zei hij, "zouden wij de Heer toch geen voldoening geven. Door ons om niet zijn Vlees te eten en zijn Bloed te drinken te geven, wast Hij onze smetten af, zuivert ons, maakt ons levend en doet ons verrijzen".

De vrede van de man Gods deelde zich mee aan zijn ondervragers. "Hij, die wandelt in de vrede, verzamelt als met een lepel de gaven der genade", zei hij. Rondom hem herstelde zich het paradijs. Men heeft horen zeggen dat de wilde dieren hem dienden én dat hij zijn bezoekers buiten het seizoen 'hemelse' vruchten met een uitgelezen smaak aanbood. Duizenden ongelukkigen die naar Sarov waren toegestroomd zagen aan het einde van hun smartelijke aardse loopbaan de lichtende toegang van het Koninkrijk der hemelen opengaan.

"Komt allen tot Mij die uitgeput zijt en onder lasten gebukt en Ik zal u rust en verlichting schenken. Neemt mijn juk op (...) want Ik ben zachtmoedig en nederig van hart: en gij zult rust vinden voor uw zielen. Want mijn juk is zacht en mijn last is licht" (Mt. 11,28-30).

De starets. hield bijzonder veel van deze woorden van Christus en herhaalde ze dikwijls.

Dit type christendom, denkt Berdiaev, waarbij de opgang naar God, de genade en de charismatische gaven meer tellen dan de kerkelijke discipline en de voorschriften van de juridisch geformuleerde moraal, zou bij de westerling twijfels kunnen oproepen aangaande zijn 'krachtdadigheid'. Van alle vormen van het christendom staat deze evenwel het dichtst bij zijn evangelische oorsprong. Een starets is een volmaakte gids voor een christendom van dit soort.

Nicolaas Motovilov, die zich in de stad Voroneje bevond, werd door de plaatselijke bisschop ingelicht over de dood van zijn weldoener. De bisschop was een heilig man aan wie de starets verscheen om twee uur in de morgen om hem te zeggen dat hij de aarde had verlaten. Zonder andere bevestigingen af te wachten droeg de prelaat diezelfde dag een gedachtenisdienst op. Wat Motovilov betreft, in allerhaast ging hij op weg. De afstand tussen Voroneje en Sarov was echter aanzienlijk zodat hij niet op tijd kon komen voor een laatste afscheid. Zijn ontgoocheling was zo groot dat abt Nifontes, om hem te troosten, hem het evangelieboek gaf waaruit de starets elke dag had gelezen en waarvan de omslag lichtelijk door het vuur was verzengd–alsook een kruisje van cipreshout dat door Vader Serafim zelf was gemaakt en ingelegd in het zilver van een oud geldstuk dat zijn moeder hem had geschonken bij zijn pelgrimstocht naar Kiev.

"Wat het grote achthoekige koperen kruis betreft, dat voor hem gold als de zegen van zijn moeder, en de icoon van de Moeder Gods 'Vreugde aller vreugden', waarvoor hij geknield lag toen hij stierf, die heb ik", aldus de abt, "aan de communiteit van Divejevo gestuurd".

VOORSPELDE BEPROEVINGEN

In 1831, het jaar van de dood van Vader Serafim, vormden de monialen van Divejevo twee gescheiden communiteiten, de ene met de naam 'communiteit van Kazan', gesticht door Moeder Agatha, de ander met de naam 'Molen-communiteit', gesticht door de starets op verzoek van de Maagd Maria. Honderddertien vrouwen, weduwen en meisjes van elke leeftijd–leefden er in de zeventien huisjes van de communiteit van Kazan, terwijl er honderdtwintig monialen, allen maagden, de negentien cellen bewoonden die gebouwd waren op een terrein dat door een weldoenster was geschonken aan de Molen-communiteit. Elke communiteit onderhield haar Regel. Die van Kazan volgde hardnekkig de strenge en harde Regel van de monniken van de Woestijn van Sarov, terwijl de Molen-communiteit, zoals de starets had bepaald, voornamelijk leefde van het Jezusgebed.

In de twee kerken, die van de Geboorte van Christus en die van de Geboorte van zijn Heilige Moeder, bleven de lichten voor de iconen branden en werd het psalterium ononderbroken, dag en nacht, gebeden.

Groot was de armoede van de zusters. Zij waren slecht gevoed, moesten vaak het noodzakelijke ontberen en werkten hard, maar toch voelden zij zich ondersteund door het gebed vóór de icoon 'Vreugde aller vreugden' en de onderlinge liefde. De goede Vader Basilios Sadovsky stond hen bij door veelvuldige bezoeken. Zo dikwijls mogelijk gingen zij naar Sarov naar het graf van hun beminde 'Batioesjka' om hem hun moeilijkheden en verdriet toe te vertrouwen, zoals hij dat had toegestaan. Als ze 's avonds bij het rokerige schijnsel van een 'loetsjina'[52] aan het werk waren, haalden ze herinneringen op

---

[52] Loetsjina: fijne houtspaander die men ontstak om licht te hebben.

aan de gelukkige tijd toen hij nog leefde, aan zijn wonderen, zijn blijheid en vriendelijke woorden. Ieder had wel wat te vertellen.

Vijf oversten volgden elkaar op in rust en vrede.

DE 'VREEMDE BEZOEKER'

Maar de novice Ivan Tikhonov, cantor van het klooster van Sarov, dacht er niet aan zijn bedoelingen met Divejevo te laten varen.

De Heer had een Judas, Franciscus van Assisi, een Elias van Cortona, Serafim van Sarov en een Ivan Tikhonov. Steeds veelvuldiger begon hij zijn nicht te bezoeken, moniale van de communiteit van Kazan, waarvan de zusters minder nauw verbonden waren geweest met starets Serafim dan die van de latere stichting. Hij was overtuigend, een mooiprater met een zekere ontwikkeling, en als schilder van iconen en zanger in de kerk maakte hij indruk op deze eenvoudige vrouwen. Hij slaagde er tenslotte in onder hen sympathisanten te winnen. In de Molen-communiteit, daarentegen, was er onmiddellijk een unanieme weerstand tegen zijn toenaderingen. De zusters zeiden hem ronduit dat Vader Serafim hun had verboden contact met hem te hebben. Woedend zou hij uitgeroepen hebben: "Ik zweer geen rust te zullen nemen vóórdat ik zelfs de herinnering aan de Molen-communiteit van het aanschijn van de aarde heb uitgewist! Ik zal me veranderen in een slang, maar binnendringen doé ik!"

De hoogmoed bracht Lucifer ten val. Zo ook Ivan Tikhonov, de cantor van Sarov. In zijn teleurgesteld verlangen zich te laten gelden als de geestelijke opvolger van starets Serafim, liet de 'schilder van Tambov' alle maatgevoel varen. Omdat de monniken van Sarov eenstemmig zijn gedrag afkeurden, verliet hij de Woestijn, trad in een ander klooster in en ontving er de priesterwijding onder de naam Josafat. Hij schreef er met vlugge pen een 'Leven van starets Serafim', dat te Sint-Petersburg succes genoot en waardoor hij werd voorgesteld aan de keizerin. Vanaf dit ogenblik had hij toegang tot het hof en meende hij dat hem alles geoorloofd was.

Men zou zeggen dat het zijn doel was systematisch alles te niet te doen wat de man Gods had verlangd en volbracht. Wilde de starets de scheiding tussen de twee kloosters handhaven? Vader Josafat bereikte de fusie ervan. De communiteit van Kazan verloor haar Regel; die van Vader Serafim was niet langer samengesteld uit maagden. Hield de starets vast aan zijn kerken? Vader Josafat sloot ze, doofde de iconenlampen, maakte een einde aan de lezing van het psalterium, verplaatste de molen en vernietigde de cellen. De starets had ervan gedroomd om op een terrein dat hij had aangekocht een kathedrale kerk te bouwen. De uitwerking van dit plan moest verhinderd worden. Michaël Mantoerov hield de papieren over de wettelijke aankoop van het terrein achter. Aangezien hij weigerde er afstand van te doen–de starets had het hem nadrukkelijk verboden–belasterde Vader Josafat Michaël bij generaal Koeprianov. Zonder hem het loon uit te betalen dat hij verschuldigd was aan zijn intendant, joeg de toornige militair bij zijn terugkomst uit Polen Michaël weg van de gronden die hij tijdens zijn afwezigheid zo goed had beheerd. Te voet, stervend van de honger, keerden Michaël en Anna als vrijwillige bedelaars terug naar Divejevo waar Vader Basilios hun de zeventig roebels gaf die hij met veel moeite had opgespaard voor zijn eigen oude dag, opdat zij zich een isba zouden kunnen bouwen.

"Gedurende negenentwintig jaar", zo leest men in de Kroniek van Divejevo, "leed de communiteit onder de inmenging in haar zaken en de bevoogding door Ivan Tikhonov. Gedurende die lange jaren duurde de strijd voort tussen de zusters van de communiteit, die, wees geworden, de voorschriften van hun stichter en vader verdedigden én de vijand van het menselijk geslacht: Ivan Tikhonov. Toch had deze onder enkele onontwikkelde en geestelijk verblinde personen enige aanhangers weten te vinden. Men moet wel totaal verstoken zijn van ieder bovennatuurlijk inzicht om in de gebeurtenissen van Divejevo niet te onderscheiden welk soort strijd zich afspeelde.

De naïeve Kroniek heeft gelijk. De strijd die de starets gedurende heel zijn leven tegen de duivel had gevoerd, zette zich voort na zijn dood. "U zult niet leven tot de antichrist komt, maar de tijden van de antichrist zult u doormaken", had hij aan zijn 'wezen' voorspeld. Men zou zelfs kunnen veronderstellen, zonder dat het te onwaarschijnlijk klinkt, dat de 'troebele tijden' van Divejevo een voorafbeelding waren van de troebele en tragische tijden die de Russische Kerk weldra zou doormaken. Alles wijst erop dat men mag aannemen dat de starets het aldus bedoelde. Divejevo, leengoed van de Heilige Maagd, zou worden bedreigd door de machten der duisternis, juist zoals het Russische land zelf.

De 'vreemde bezoeker' met zijn 'koude hart', Ivan Tikhonov, ging ondertussen van overwinning tot overwinning. Gedurende de kroningsfeesten van keizer Alexander II besloot hij door tussenkomst van een hofdame van de keizerin de toelating te vragen om de gemengde communiteit van Divejevo te mogen omzetten in een regulier klooster met de nauw verholen opzet zelf daar de leiding over te nemen.

De tijd was gekomen voor de laatste akte van het drama.

Na een lange periode zonder bestuur werd door de communiteit een nieuwe overste gekozen, Elisabeth Oesjakov, voortgekomen uit een familie van landedelen, intelligent, evenwichtig en flink van karakter. Gedurende meerdere jaren had ze te Divejevo de ondankbare taak van econoom vervuld; ze wist goed in welke situatie het klooster verkeerde. Het geld dat Vader Josafat te Sint-Petersburg had opgehaald met behulp van zusters die hij naar de hoofdstad had gezonden om het schilderen te leren, verdween zonder ooit op zijn bestemming te zijn gekomen. De uitzinnige uitgaven waaraan de 'vreemde bezoeker' zich bezondigde, drukten zwaar op het budget. Er was niet alleen geen geld, maar er waren schulden. Vaak ontbrak zelfs het brood. Met groot geduld bood Elisabeth het hoofd aan deze moeilijke situatie; kalm, evenwichtig, zacht in de omgang met de zusters, genoot zij spoedig de liefde en eerbied van iedereen. Te Divejevo begon men te herademen, toen ineens een verontrustend gerucht de ongelukkige communiteit bereikte: de nieuwe bisschop van Nizjnij-Novgorod, van wie men zei dat hij Josafat gunstig gezind was, zou spoedig naar Divejevo komen om de geloften van de overste te aanvaarden bij gelegenheid van de omvorming die door de heilige Synode was voorgeschreven, en die bestond in het omvormen van de vroegere gemengde communiteit in een regulier klooster.

Het was in de maand mei, kort na Pasen. De bissschop kwam aan in een stormachtige nacht. 's Morgens, nog voordat hij zich naar de kerk begaf, liet hij Elisabeth Oesjakov roepen.[53]

"Ik heb u een verzoek te doen", zei hij.

"Wij zijn bevelen gewend. Wat wenst u?"

"U moet dit klooster verlaten en als overste naar dat van Davidovo vertrekken".

Verbaasd deed Elisabeth er het zwijgen toe.

"Waarom zwijgt u?"

"Ik begrijp u niet, Monseigneur".

"Ik zeg dat u Divejevo moet verlaten om naar het klooster van Davidovo moet vertrekken. Er heerst wanorde. U moet daar de orde herstellen".

---

[53] *Kroniek van Divejevo*. Gedetailleerd verhaal over het bezoek van Mgr. Nectarius, pp. 604-618 (Russisch).

"Ónmogelijk", antwoordde Elisabeth zachtjes.
De bisschop werd boos. De oorlog was verklaard. Ze werd gevoerd door 'dwazen-in-Christus.

EEN BEETJE DWAASHEID

"Als gij maar een beetje dwaasheid van mij zoudt willen verdragen", zuchtte de heilige Paulus (2 Kor. 11,1). Had Serafim iets van die 'dwazen-in-Christus'? Verbolgen zouden de traditionalisten uitroepen: Neen! Hun 'Batioesjka Serafim' was een voorbeeldig monnik, een onderdanige zoon van de Kerk! Dat was hij inderdaad. Maar zoals de 'dwazen-in-Christus' verachtte hij de meest elementaire vormen van comfort, at gras en gaf zich soms over aan vermakelijke en onschuldige buitensporigheden, die zijn medebroeders in het klooster tot wanhoop brachten.

Toch was zijn opvatting over de 'dwaasheid-in-Christus' bijzonder streng. "Zij die de dwaasheid-in-Christus op zich nemen zonder daartoe door God speciaal geroepen te zijn", verkondigde hij verontwaardigd, "lopen hun verderf tegemoet. Onder de 'joerodivi'. die de dwaasheid voorwenden en van het ene dorp naar het andere trekken, zal men moeilijk één enkele aantreffen die door de duivel bekoord wordt zonder te bezwijken. Onze Vaders hebben aan niemand toegestaan de dwaas uit te hangen. In mijn tijd was er een die het heeft willen proberen: onder het officie begon hij te miauwen als een kat. Onmiddellijk gaf Vader Pachomios bevel hem te verwijderen, eerst uit de kerk en toen uit de omheining van het klooster. Drie wegen zijn er die men niet moet volgen zonder er op bijzondere wijze toe geroepen te zijn: die van het bestuur van een klooster, die van de afzondering en die van de 'dwaasheid-in-Christus[1]'".

Men ziet dus dat de heilige Serafim tenslotte voor deze bezetenen Gods een bijzonder hoge waardering had. Als profeet bediende hij zichzelf van deze kleine profeten, opdat dezen, nu hij verdwenen was, in zijn plaats konden optreden.

Zoals de oudtestamentische Godsmannen moesten deze laatsten de verbeelding van het volk treffen door weinig gangbare middelen. Zoals bekend wandelde Jesaja gedurende drie jaar geheel naakt rond; Jeremia droeg een juk op zijn schouders om aldus de gevangenschap van Israël te voorzeggen; Ezechiël moest een gat maken in zijn huis en daar doorheen gaan terwijl hij zijn bagage op zijn schouders droeg om de bewoners van Jeruzalem te laten zien wat hen te wachten stond, "want ik heb van u een symbool gemaakt voor het huis van Israël", zegt God (vgl. Jes. 20,3-4; Jer. 27; Ez. 12,1-7). Het ongelukkige huwelijk van Hosea was slechts een beeld van het huwelijk van Jahweh met zijn ontrouwe volk.

De geheimzinnige woorden der 'joerodivi', hun symbolische handelingen en het vermogen de toekomst te voorspellen, maakten hen verwant met de profeten. Niet alleen moesten zij de wil van God be-'tekenen', maar zij zelf moesten zich tot 'teken' maken. Evenals hun Bijbelse medebroeders bezaten zij soms de gave de toekomst in beelden op te roepen of door gebaren uit te drukken. Onder een gewild afstotend uiterlijk, verborgen zij de gaven van de Geest, die alleen verraden werden door hun heldere ogen en de buitengewone zuiverheid van hun blik.

PELAGIA

Op het ogenblik van het bezoek van Monseigneur Nectarius te Divejevo, gaf het klooster onderdak aan een dwaze-in-Christus, Pelagia genoemd. Zij was mooi en intelligent, voortgekomen uit een familie van gegoede kooplui en al op jeugdige leeftijd tegen haar zin ten huwelijk gegeven aan een koopman uit Arzamas, die zich niet had laten afschrikken door de buitensporigheden van zijn opstandige verloofde. Ze bezocht samen met haar man Sarov. Vader Serafim ontving haar afzonderlijk en bleef zo lang met haar in afgezonderd gesprek dat de man zich erover ergerde. Tot zijn grote verwondering gaf de starets, toen hij de jonge vrouw terugbracht, haar als geschenk een rozenkrans, zegende haar, waarna hij haar groette tot op de grond. Op die wijze bracht de man Gods hulde aan het toekomstig vrijwillig martelaarschap.

De gekke toeren die Pelagia uithaalde, de schandalen die zij in de kleine stad verwekte, brachten tenslotte die goede koopman, haar man, die haar ondanks alles liefhad, tot verbittering. Niet wetend wat te doen ranselde hij haar af en legde haar vast aan kettingen om haar te beletten uit te gaan. Maar zij verbrak haar banden en nog met het ijzer om haar polsen, liep zij half gekleed in de nacht langs de straten, door kou en sneeuw. De koster hield haar eens voor een spook en luidde de alarmklok. Dat deed de maat overlopen. In het openbaar werd de schuldige gegeseld. Hoewel haar lichaam aan flarden hing, uitte ze geen klacht. Werd ook Christus niet door de Romeinse soldaten gegeseld?

Uiteindelijk werd zij door haar man én haar moeder verjaagd en belandde zij in Divejevo. De starets was reeds gestorven en de zusters waren aanvankelijk niet lief voor haar. De meeste tijd lag ze als een hond in een gat dat zij in de binnenhof had gegraven, dus omdat ze onder het slijk zat maakte ze het huis vuil. Ze weende veel. Toen men haar vroeg naar de reden ervan, antwoordde zij dat het was over Rusland. Had ook de starets op voorhand geen tranen geschreid over zijn ongelukkig vaderland?

Langzamerhand wenden de zusters aan deze vreemde gezellin. Ze werd toevertrouwd aan de zorgen van een moniale die, men wist niet om welke reden, van haar de bijnaam 'Benedicta' had gekregen. Pelagia installeerde zich in haar cel tussen drie deuren op een stuk vilt, niet ver van de kachel. Ze liet haar nagels groeien als klauwen van vogels, at bijna niets en ging niet liggen om te slapen. 's Nachts hoorde 'Benedicta' haar praten met onzichtbare bezoekers. Eén keer onderscheidde zij duidelijk de stem van Vader Serafim.

De helderziendheid die de echte dwazen-in-Christus door de Heilige Geest verleend werd, maakte Pelagia weldra beroemd. Vele mensen kwamen haar om raad vragen. Toen hij van deze vrouw hoorde spreken, uitte Monseigneur Nectarius het verlangen haar te zien. In de cel van 'Benedicta' zat Pelagia in elkaar gedoken op een krukje. De bisschop nam ook een krukje en ging naast haar zitten.

"Wat moet ik doen, dienares van God, wat moet ik doen?" zei hij.

Het verzet van de communiteit van Divejevo tegen zijn plan om, op verzoek van Vader Josafat, een nieuwe overste te benoemen, had hem in de war gebracht.

De 'dwaze' vestigde op hem de strenge en diepe blik van haar heldere ogen.

"Monseigneur, U doet vergeefse moeite", zei ze met krachtige stem. "Men zal u de Moeder niet uitleveren".

Zijn baard tegen zijn borstkruis gedrukt en zachtjes het hoofd schuddend mompelde de prelaat: "Ik weet niet wat ik doen moet."

Plotseling ging Pelagia staan, onrustbarend en verschrikkelijk om te zien, en ze begon 'oorlog te voeren'. Ze sloeg in de lucht als om onzichtbare vijanden te doden en brak alles wat haar onder de hand kwam. 'Benedicta' had maar juist tijd genoeg om de bisschop de cel uit te helpen.

PARASCEVE

In een andere vleugel van het gebouw leefde de oude Parasceve, zuster van de kleine Maria (de lieveling van de starets die op dertienjarige leeftijd in het klooster was getreden om slechts weinige jaren later te sterven). Ook zij was ten prooi gevallen aan een profetische dwaasheid.

Eens op een dag, toen de starets haar hielp bij het afdalen van een hooiwagen, had hij haar gezegd: "Je bent hoger geplaatst dan ik. Op het einde van je leven zul je een 'dwaze-in-Christus' zijn. Als je zult zien dat de bron vuil water doet opborrelen, zul je weten dat het ogenblik gekomen is. Wees niet bang, zeg de waarheid. Daarna zul je sterven". Toen ze zich enige dagen vóór de komst van de bisschop naar Sarov had begeven om op het graf van de starets te bidden, ging Parasceve naar de bron om water te putten. Deze was altijd helder, maar werd nu plotseling troebel. Als door een onzichtbare kracht opgeworpen, borrelden zand en steentjes van de bodem naar de oppervlakte. De oude religieuze schrok en keek rond om te zien wat de oorzaak was van dit ongewone verschijnsel, toen ze zuster Loekia bemerkte die naar de bron afdaalde. Deze was een vurige aanhangster van Vader Josafat. Parasceve begreep het. Had starets Serafim niet eens in het troebele water de komst onderkend van degene die toen nog novice was, Ivan Tikhonov, maar die zich als de meest te duchten vijand van de communiteit zou ontpoppen? Het ogenblik om 'de waarheid uit te spuwen' was dus gekomen!

En Parasceve herinnerde zich de woorden van Vader Serafim: "Daarna zul je sterven".

"Vaarwel, Elias", zei ze aan een broeder van Sarov die naar de bron was gekomen. "Ik zal je niet meer terugzien".

"Wat vertel je me nu, Matoesjka. Waarom spreek je over sterven?"

Maar zij insisteerde heel kalm:

"Je zult me niet meer zien, Elias. Vaarwel!"

En terwijl Pelagia in haar cel 'oorlog voerde', gooide Parasceve, nadat zij tegenover de bisschop 'de waarheid had uitgespuwd', gekleed in een omgekeerde schapenvacht[54] de ruiten van haar cel in.

IN VOLLE ACTIE

Hebben we hier te doen met hysterie van verbitterde vrouwen? Zo werd het in het klooster in ieder geval niet uitgelegd. De schijnbaar zo belachelijke manier van doen van de 'dwazen-in-Christus' wordt begrijpelijk als men wil geloven dat ze ten oorlog trekken tegen de geesten der duisternis, omdat ze reeds hier beneden het vermogen hebben zowel duivels als engelen te zien. Basilios, de zalige, staat erom bekend dat hij stenen wierp tegen de kerkmuren waaraan de duivels zich hadden vastgehecht, omdat ze waren uitgesloten van de Liturgie, terwijl hij de drempel kuste van de slechte plaatsen waar de bewaarengelen van de mensen, die zich binnen bevonden, weenden. De poging van de 'vreemde bezoeker', Vader Josafat, om zijn beschermelinge zuster Loekia, de plaats van de werkelijke moeder te doen innemen, om zo door middel van haar de communiteit te besturen, kan niet anders worden verklaard dan als een aanval van de Boze op het leengoed van de Heilige Maagd. En de 'dwazen', die de starets vertegenwoordigden, reageerden.

Alles ging van kwaad tot erger. De bisschop verklaarde dat men de volgende dag na de Liturgie zou loten. "Valt het lot op zuster Loekia, dan zullen allen die weigeren haar als overste te aanvaarden, worden weggestuurd".

Zoals te verwachten was, viel inderdaad het lot op Loekia. Er ontstond een geweldige deining onder de aanwezigen.

---

[54] "Wacht u voor de valse profeten, mensen die tot u komen in schaapskleren, maar van binnen roofzuchtige wolven zijn. Aan hun vruchten zult u ze kennen"(Mt. 7, 15-16).

Men hoorde snikken. Een vrouw viel flauw. Men fluisterde dat de drie strookjes die de bisschop werden aangeboden alle slechts één naam droegen. Hij had zich daarom gehaast de twee overblijvende in zijn zak te steken.

Had hij een gerust geweten? Waarschijnlijk niet. De volgende morgen, toen hij uit de kerk kwam, zag hij de 'gelukzalige' Pelagia langs de weg zitten, bezig met paaseieren te rollen, een spel waarmee de kinderen in Rusland zich vermaken. Men zou zeggen dat hij een bevestiging zocht voor zijn gedrag.

Hij liet zijn rijtuig stilhouden en stapte uit.

"Kijk, dienares Gods, ik heb hier voor u een prosfoor[55] van de Liturgie, die ik zojuist gevierd heb.

Zij keerde zich van hem af.

"Hij had het moeten begrijpen en weggaan", vertelde 'Benedicta', "Maar neen. Hij naderde haar van de andere kant en reikte haar opnieuw de prosfoor aan.

Plotseling kwam ze overeind, slank, mager, maar dreigend en verschrikkelijk:

"Waar bemoei je je mee?" brulde de 'dwaze' en tegelijk gaf ze de bisschop een meesterlijke kaakslag.

Hij bood haar de andere wang aan:

"Sla ook de andere, zoals het Evangelie zegt".

"Je hebt aan een genoeg", antwoordde Pelagia honend; ze ging weer zitten en vervolgde haar spel met de paaseieren alsof er niets gebeurd was.

Men begrijpt de opschudding die dit voorval teweegbracht.

"Men zal je in de gevangenis zetten, je opsluiten in een gekkenhuis", zei men tot Pelagia.

"Daar ben ik nooit geweest en ik zal er ook nooit komen", antwoordde zij kalm.

---

[55] Prosfoor: offerbrood van de Liturgie.

Inderdaad had de zaak voor de 'gelukzalige' geen enkel gevolg. Terug in het bisdom Nizjnij-Novgorod zond de prelaat haar verschillende malen zijn zegen en vroeg hij om haar gebeden. Dacht hij aan de psalm: "Als mij een rechtvaardige slaat en kastijdt, dan is dat een weldaad" (Ps. 140,5)? Eén keer zelfs zond hij haar door middel van een pelgrim een geschenk.

Wat de 'gelukzalige' Parasceve betreft, ze leefde nog maar negen dagen na het vertrek van de bisschop. Bijgestaan door Vader Basilios ging zij zachtjes heen na voorzien te zijn van de laatste sacramenten, zoals haar starets het had voorzegd. Toen hij van haar dood hoorde, bleef Monseigneur Nectarius erover mijmeren. "Ze was een grote dienares Gods" zuchtte hij.

De vrijheid van de kinderen Gods triomfeerde over het Instituut.

DE ONTKNOPING

Was de starets, zoals hij het herhaaldelijk had laten blijken, dan niet een zoon, die de Kerk liefhad en haar gehoorzaamde? En toch kende hij, evenals vele heiligen zoals Simeon de Nieuwe Theoloog in het Oosten en Franciscus van Assisi in het Westen, en anderen, het pijnlijk conflict tussen een profeet en priesters die door een tijdelijke verblinding verhinderd zijn die visie te aanvaarden. Men moet de gebeurtenissen te Divejevo, de oorlog van de 'dwazen-in-Christus', die door de starets werd gezegend, niet verklaren als uitingen van verzet, maar als een middel om te strijden tegen de geesten der duisternis. Het was overigens door tussenkomst van het hoogste gezag in de Kerk dat de waarheid uiteindelijk overwon.

Alvorens te sterven had Vader Serafim Motovilov benoemd tot Verdediger der wezen. Dikwijls kwam deze dan ook naar Divejevo en tenslotte huwde hij met een jeugdige nicht van zuster Parasceve, die in het klooster was opgevoed. Vergezeld van zijn vrouw en zijn twee dochters was hij op weg van Simbirsk naar Moskou, toen een klein ongeluk met het rijtuig hem verplichtte te Divejevo, waar hij een huis bezat, halt te houden. Hij werd ingelicht over wat er gebeurde, was getuige van de gedwongen keuze van een nieuwe overste en zonder dralen besloot hij te handelen.

Zijn plan was om metropoliet Filaretos van Moskou, een hooggeplaatste en eerbiedwaardige persoonlijkheid, die een belangrijke rol vervulde in de hernieuwing van de Russische Kerk, op de hoogte te brengen van de zaak. Maar de prelaat was vertrokken naar de Laura-van-de-Drievuldigheid-Sint-Sergius (vanaf 1770 was de metropoliet van Moskou officieel de abt), om daar de familie van de keizer, die men er verwachtte, te ontvangen.

Nu was de vicaris van de metropoliet, die daar resideerde, juist deze archimandriet Antonios, die eens naar Sarov was gekomen om aan Vader Serafim te vragen of hij zich op de dood moest voorbereiden. De man Gods had daarop geantwoord dat in plaats van te sterven, hij benoemd zou worden op de belangrijke post van overste over een van de eerbiedwaardigste kloosters. Alvorens afscheid van hem te nemen had de starets met tranen in de ogen gezegd: "Verlaat toch mijn wezen niet!" Vader Antonios had dat toen niet begrepen.

Maar nu begreep hij het, nu Motovilov zich in alle haast naar de Laura had begeven en hem zijn verzoek voorlegde. Op een geschikt ogenblik sprak hij erover met zijn overste en vriend, de metropoliet Filaretos, die op zijn beurt de keizer op de hoogte bracht.

"Ik heb altijd zo mijn twijfels gehad over Vader Josafat, als de keizerin mij over hem sprak", antwoordde de vorst,

Een onderzoek werd ingesteld. Het werd onbevangen en objectief geleid, verstandig en met tact, onder het toezicht van de metropoliet zelf, met het resultaat dat Elisabeth Oesjakov, door Vader Josafat belasterd, in ere hersteld werd. Zij kreeg haar bevestiging als overste van het klooster Serafim-Divejevo, zoals voortaan de communiteit zou heten. Ze ontving het kloosterkleed en legde haar geloften af onder de naam Maria. "De orde wordt onder de twaalfde overste hersteld", had de starets voorzegd, "en haar naam zal Maria zijn".

Toen het onderzoek zekere afwijkingen in het gedrag van Vader Josafat aan het licht bracht, werd hij onder toezicht gesteld en verplicht een verklaring te ondertekenen zich nooit meer in de zaken van Divejevo te mengen. Later slaagde hij erin benoemd te worden tot overste van een klooster en nam hij het grote monnikskleed aan onder de naam ... Serafim. Triomfeerde de liefde hier toch over de haat?

Zoals de Koningin des hemels het eens aan de starets voorzegd had, verzamelden zich nu weldra duizend religieuzen rond moeder Maria, die met sterke en toch zachte hand het wankele schip dat zij moest besturen weer op dreef hielp. In 1887 vierde men te Divejevo vol blijdschap het zilveren jubileum van de geliefde overste. Tijdens de feestelijke ceremonies stond aan haar zijde een van de eerste zusters van de Molen-communiteit. De vroeger zo schone en tegenstribbelende Xenia, nu moeder Capitolien, op de leeftijd van drieëntachtig jaar.

"Als de twaalf eerste zusters van de communiteit deze wereld hebben verlaten", zo had de starets tot Vader Basilios Sadovsky bij zijn afscheid gezegd, "zult gij als dertiende volgen. Uw vrouw zal 'twee jaar eerder gaan". De voorspelling kwam uit, zoals alle andere. Door allen betreurd, verenigde de nederige en trouwe dienaar Gods, Vader Basilios, die geboren was in 1800, op de leeftijd van vierentachtig jaar zich met zijn kudde.

"Laat u rechts van de Kerk van de Geboorte begraven", had de starets hem gezegd. "Misjenka (verkleinwoordje voor Michaël) zal links komen te liggen. En mij zal men in het midden leggen. Zo zullen we weer allen verenigd zijn".

Inderdaad werd Mantoerov voor zijn laatste slaap te rusten gelegd links van de kerk die hij uit eigen kosten had laten bouwen. Met een zelfverloochening ten einde toe heeft hij de overwinning van de gerechtigheid te Divejevo niet meer meegemaakt.

Hij ging heen op een ogenblik dat de overwinning van de 'vreemde bezoeker', tegen wiens heiligschennende plannen hij zich met alle kracht verzet had, bijna zeker leek.

Ondanks zijn optimisme stond de arme Michaël op het punt de moed te verliezen, toen hij in een droom zijn Batioesjka zag, die hem zei: "Kom, laten we samen bidden!" Hij maakte eruit op dat zijn laatste uur nabij was en vroeg aan de schoonzoon van Vader Sadovsky een Liturgie te vieren in de Kerk van de Geboorte; hij communiceerde en toen hij weer thuis was zei hij tot zijn vrouw: "Haast je het middagmaal klaar te zetten. Anders zul je tot je spijt te laat zijn. Vervolgens ging hij de tuin in om frambozen aan de schoonzoon van Vader Sadovsky te geven; hij voelde zich een beetje moe, ging op een bank zitten en gaf de geest. Zijn heengaan was zo vredig dat zijn vrouw, die hem kwam roepen voor het eten, meende dat hij was ingeslapen. Hij was pas zestig jaar.

Hij was wellicht de meest volmaakte leerling van de starets, die vóór alles het Rijk Gods zocht en verwachtte al het andere als toegift te zullen ontvangen. Incarneerde hij niet, als gehuwde leek en voordat er sprake van was, dat 'verinnerlijkte monnikendom' waarover men in onze tijd spreekt? Hij bezat een grote goedheid, was zeer vrijgevig, had een aangenaam uiterlijk, een open en blij gelaat en grote heldere ogen. Anna, zijn trouwe Duitse vrouw, die orthodox was geworden, eindigde haar dagen te Divejevo, waar ze in het geheim de sluier had aangenomen.

Over de belofte die de starets had gedaan, dat hij namelijk eens zou rusten tussen zijn twee vrienden, Vader Basilios en Michaël, verwonderden zich velen. Was hij niet te Sarov begraven? Waarom hem naar Divejevo overbrengen? Iemand legde de vraag voor aan moeder Maria. Ze scheen na te denken. Vervolgens, na een ogenblik stilte zei ze: "De relieken blijven dikwijls lange tijd verborgen". Een vreemd antwoord dat men thans beter begrijpt, nu men niet weet wat er van de overblijfselen van Vader Serafim is geworden.

Nicolaas Motovilov, de 'nederige dienaar' van de starets, zoals hij zichzelf graag noemde, verliet deze wereld op 14 juli 1879 op de leeftijd van eenenzeventig jaar. De geestelijke kant van zijn gecompliceerde en vurige natuur kreeg tegen het einde van zijn leven definitief de overhand op wat in hem te aards en werelds was. Overal in de wereld zag hij de geest van de antichrist; hij voelde zich hier beneden een vreemde reiziger, ging meer en meer op verre pelgrimstochten; op de meest afgelegen heilige plaatsen van het onmetelijke Rusland kende men zijn hoge gestalte met witte haren gekroond.[56] De eeuwige pelgrim ging op een dwaas-in-Christus lijken. "Je bent even dwaas als ik, Nikolka", zei de 'gelukzalige' Pelagia tot hem met hartelijke vrijmoedigheid.

Een maand voor zijn dood had Motovilov een droom die hij aan zijn vrouw vertelde. De Koningin des hemels verscheen hem in de slaap en beloofde hem spoedig te zullen meenemen op pelgrimstocht naar een onbekende streek, waar Zij hem met veel heiligen in kennis zou brengen, van wie hij nog nooit had gehoord. Na die droom begonnen zijn krachten af te nemen. Hij stierf vredig op zijn landgoed te Simbirsk, maar werd begraven te Divejevo.

Zijn vrouw keerde terug naar het klooster waar zij haar kinderjaren en haar jeugd had doorgebracht. Alvorens te sterven vertrouwde zij, zoals wij reeds hebben gezegd, het schrift met de memoires van haar man toe aan een voorbijgaande schrijver, Sergius Nilus genaamd.

---

[56] V. Zander, *Seraphim von Sarov*. Patmos Verlag, 1965, p- 169.

Toen pas hoorde men voor de eerste keer spreken over het buitengewone, door Gods licht omstraalde 'onderhoud', waarvan de starets de inhoud had toevertrouwd aan Nicolaas Motovilov met de opdracht het te verspreiden. Nog onbegrepen in de tweede helft van de negentiende eeuw, verwierf het in de twintigste eeuw betekenis met een onverwachte draagwijdte, niet alleen voor Rusland, maar zoals de starets had voorzien, voor 'heel de wereld'.

4
EPILOOG

Niemand in Rusland twijfelde aan de heiligheid van Serafim van Sarov. De wonderen die de Heer door zijn dienaar uitwerkte waren niet meer te tellen. In de archieven van de abt van de Woestijn vond men honderden brieven, vaak vergezeld van giften in geld, waarin dank werd betoogd voor genaden en genezingen die verkregen waren door tussenkomst van de starets. Te Divejevo was men voor de Revolutie van 1917 nog niet gereedgekomen met het rangschikken van alle geschreven getuigenissen.

De pelgrims stroomden in steeds groeiend aantal naar Sarov. Velen zagen de man Gods in de droom. Ook aan anderen verscheen hij, vooral aan kinderen. Soms ontmoette men hem in het huis van Mantoerov, zoals diens weduwe verzekerde.

Lang voor de officiële heiligverklaring had de vox populi hem gelukzalig verklaard: deze man met schoenen van berkenschors, een grijsaard met ernstige en fijne trekken, met helderblauwe ogen, die tot degenen die hem kwamen bezoeken zei: "Goede dag, mijn vreugde!" met de toevoeging: "Christus is verrezen!"

Nu hij in de eeuwigheid gekomen was bij het eerste vergoddelijkt schepsel, de Maagd Maria, die gezegd had: "Hij is van ons ras", scheen zijn invloed groter dan ooit. "Als ik genade vind bij God", beloofde hij alvorens de aarde te verlaten, "zal ik, neergebogen voor de troon van de Allerhoogste bidden voor allen".

En niemand twijfelde aan de werkzaamheid van zijn gebed.

Zestig jaar na zijn dood belastte de heilige Synode een speciale commissie met het onderzoek naar de wonderen en de genezingen die aan Vader Serafim werden toegeschreven. Tien jaar later, in 1902, sprak keizer Nicolaas II het verlangen uit, dat de heilige Synode de voorbereidende werkzaamheden in verband met de heiligverklaring tot een goed einde zou brengen. "Overtuigd van de echtheid der wonderen, toegeschreven aan de gebeden van starets Serafim, en dankzeggend aan God, die verheerlijkt wordt in zijn heiligen", legde de Synode in januari 1903 haar beslissing voor aan de keizer aller Russen. Ze werd gepubliceerd in nummer 5 van het Kerkelijk Dagblad van 1 februari 1903 met de aanbeveling het voor te lezen in alle kerken van het keizerrijk, op de zondag, volgend op het verschijnen van het blad.

DE HEILIGVERKLARING

Vol vreugde begon Rusland zich voor te bereiden op het nationale feest dat de heiligverklaring van zijn beminde starets zou worden.

De datum werd vastgesteld op 19 juli, de verjaardag van de geboorte van de nieuwe heilige. Te Sarov verwachtte men niet tientallen, maar honderden duizenden pelgrims, wat natuurlijk problemen opriep voor huisvesting en voedselvoorziening. Langs de wegen en op de open plaatsen in de bossen bouwde men houten barakken, die al spoedig veranderden in kleine voorlopige dorpen met bakkerijen, kruidenierswinkels, gelegenheden voor alcoholvrije volksdranken en kiosken waar men biografieën van de heilige verkocht, iconen die hem bij voorkeur afbeeldden voor zijn kluis waar hij eten geeft aan een beer, gebedenboeken, godsdienstige tijdschriften, evenals evangeliën en psalmboeken. De geestelijkheid uit de omtrek (dertig priester-monniken uit de naburige kloosters en dertig priesters uit het bisdom Tambov) werd opgeroepen om te voorzien in de geestelijke behoeften van de gelovigen. Hoge kerkelijke overheden waren uitgenodigd om deel te nemen aan de processies en ook om homilieën te houden waarvan sommige door het gehoor zeer op prijs werden gesteld. "Dank u, dank u, Batioesjka!" riep men uit de menigte.

Op de zeldzame? zanderige wegen trokken de pelgrims onder de hete julizon voort, sommigen in groepen onder het gezang van hymnen, anderen eenzaam, gebogen onder de last van hun rugzak en steunend op hun reisstok. Wagens voerden gebrekkigen en zieken aan. De meer gegoeden kwamen per trein, stapten uit te Nizjnij-Novgorod, maar bijna allen legden de zestig kilometer die hen nog scheidde van Sarov te voet af.

Er heerste een sfeer van soberheid en gebed. De meeste pelgrims vastten streng ondanks de vermoeidheid, wachtend op de dag waarop zij konden biechten en deelnemen aan de heilige Mysteriën.

Maar toen werden plotseling tussen de grote sparren de witte muren van het klooster zichtbaar, zijn kerken met glanzende koepels en vergulde kruisen. De vermoeienis sloeg om in vreugde. Mannen en vrouwen maakten het kruisteken, vielen op de knieën en riepen de heilige Serafim aan. Wie zou honderdvijfentwintig jaar daarvóór vermoed hebben dat een bescheiden jongeman, die op een koude avond in november onder die muren aankwam, eens menigten zou aantrekken van alle vier de hoeken van het onmetelijke Rusland?

Het weer was prachtig. De feestelijkheden verliepen onder algemene vreugde. In de ochtend van 17 juli kwamen de monialen van Divejevo naar Sarov, en droegen in triomf de icoon van de Heilige Maagd, 'Vreugde aller vreugden' mee, samen met nog andere iconen en talloze vaandels, die schitterden in de zon. Daar, aan de zoom van de bossen, werden ze opgewacht door de monniken van de 'Woestijn', die in processie uitgetrokken waren langs de 'heilige deur'. Na gezamenlijk het Te Deum te hebben gezongen, liepen alle religieuzen, mannen en vrouwen, tezamen, tussen twee compacte rijen van pelgrims door, naar het klooster waar weer andere pelgrims hen opwachtten, samengepakt tegen de heuvel. Naar het schijnt was de aanblik onvergetelijk! Er was een oneindige blijdschap in deze mensenvloed onder een schitterende hemel, opstijgend naar de witte muren van de eerbiedwaardige omheining, terwijl de vurige stralen van de zomerzon de toppen van die golvende massa deden tintelen van licht: een met goud doorweven banier, de kostbare bekleding van een icoon. Eén in de vreugde bezongen Sarov en Divejevo, mannen en vrouwen, hun heilige.

In de namiddag begonnen de klokken te luiden om de nadering van de keizerlijke stoet te melden. Gezeten in een open rijtuig werden de keizer en de keizerin begroet met uitbundig hoerageroep. Hij was jong, zij betoverend. De menigte was uitgelaten van blijdschap. In andere rijtuigen volgden de leden van de keizerlijke familie.

"De grote klok zal luiden: boem! boem! (De starets doet het geluid van de klok na). De tsaar zal met heel zijn familie komen …". De belofte van de heilige man ging in vervulling.

De volgende morgen, toen de ochtendliturgie nauwelijks was begonnen en de kerk reeds vol mensen was, zag men de keizer en de keizerin alleen en zonder gevolg binnenkomen. Kwamen zij de genade vragen van een troonopvolger? Als eenvoudige pelgrims tussen het volk in, naderden zij tot de Sacramenten. Onder het volk waren er die weenden van vreugde.

Nicolaas II, absoluut heerser over geheel Rusland, was een diep en oprecht godsdienstig mens. Hij droomde ervan de bres te dichten die de brutale, westers gerichte politiek van Peter de Grote had gegraven tussen het gezag en het volk. Met behoud van zijn absolute macht (was hij niet de gezalfde des Heren?) wilde hij weer de vader worden van dit orthodoxe en landelijke Rusland. En het idealiserend, trachtte hij het naderbij te komen. In die dagen van vurig gemeenschappelijk gebed, scheen het wonder mogelijk.

De mooie zomerse dag spoedde ten einde. Het meest plechtige ogenblik van de feestelijkheden naderde: de overbrenging in processie van de relieken van de nieuwe heilige vanuit de kerk Zociem-Sabbati naar de kathedrale kerk van de 'Ontslaping van de Heilige Maagd', waar zij ter verering van de menigte zouden getoond worden.

De Russen hebben van Byzantium de liefde geërfd voor schitterende religieuze ceremonies. Die avond ontplooide zich in de Woestijn van Sarov een prachtig schouwspel van kerkelijke luister ter ere van de 'arme', de 'ellendige', de 'nederige' Serafim. Aan het hoofd van de stoet gingen de metropoliet, drie bisschoppen, twaalf archimandrieten, twaalf priesters en priestermonniken langzaam voort, gekleed in vergulde gewaden waarop serafijnen met zes vleugels met zilverdraad geborduurd waren. Ze waren een geschenk van de tsaar. De kist werd op een draagbaar gedragen boven de hoofden van de neergeknielde en gebogen menigte. Bedekt met een granaatkleurig fluwelen kleed scheen de kist in de lucht te zweven. De avond was zo stil dat de vlam der kaarsen, die de pelgrims in de handen droegen, nauwelijks flikkerde.

Heel het heilige Rusland was daar met zijn tsaar verenigd rond zijn beminde 'Batioesjka', die ieder zo na aan het hart lag en die zo representatief was voor zijn geheimzinnige land.

Het officie eindigde te middernacht. Na de geestelijkheid en de keizerlijke familie werd het de gelovigen op hun beurt toegestaan de relieken te vereren. Hun defilé duurde heel de nacht.

Ondertussen waren er buiten de muren van het klooster langs de rivieren Satis en Sarovka vuren ontstoken. Omdat zij onmogelijk binnen de omheining konden komen, had de grote meerderheid van de pelgrims buiten onder de blote hemel gebeden. Niemand dacht eraan te gaan slapen. Er hadden zich groepen gevormd, die onder de sterrenhemel zongen: "Eer aan God in de hoogste hemel", 'irmos' ter ere van Maria, en de nieuwe tropaar, gecomponeerd voor de nieuwe heilige. Reeds was middernacht voorbij en nog hielden de gezangen aan, toen plotseling en blij de paashymnen losbarstten: "Dag van de Opstanding", "God sta op!", "Christus is opgestaan uit de dood, Hij heeft door zijn dood de dood overwonnen en het leven geschonken aan hen die in de graven lagen".

"In volle zomer zal men zingen van Pasen". Zo dikwijls had de starets het voorzegd, maar onmiddellijk daarna verduisterde zijn gelaat en stroomden tranen langs zijn wangen. "Die vreugde zal maar van korte duur zijn", zei hij.

Wie zou dit geloofd hebben in deze uren van verheerlijking, in deze dagen van eenheid tussen het volk, zijn tsaar en de Kerk?

VERSCHRIKKELIJKE TOEKOMSTBEELDEN

In de stijl van de starets werd echter reeds een waarschuwing gegeven. Terwijl het eindeloze defilé van de pelgrims nog verscheidene dagen aanhield, verliet de keizerlijke familie Sarov en had zij een oponthoud te Divejevo. Daar hadden zij een ontmoeting met een 'dwaze-in-Christus', Pasja van Sarov genaamd. Dochter van lijfeigenen, door haar meesters weggejaagd ten gevolge van laster, had zij een toevlucht gezocht in de grotten en holen van het woud van Sarov. Na enkele jaren ontdekte men in haar de gave van helderziendheid die het lijden haar gegeven had en kwam men haar opzoeken.

Maar struikrovers vielen haar aan, zoals ze vroeger met de heilige Serafim hadden gedaan, en lieten haar halfdood achter, badend in haar bloed. Ze genas nooit meer geheel, "Ach, moeder toch, klaagde zij in zichzelf pratend, wat heb ik hier een pijn!" en dan wees ze op haar hoofd of haar zijde.[57]

Na de dood van de gelukzalige Pelagia, die in geur van heiligheid was heengegaan en die men de 'serafijn van Serafim' had genoemd, kwam Pasja naar Divejevo waar moeder Maria haar met vreugde ontving. Met genoegen nam deze vrouw, die gedurende jaren als een beest had geleefd, haar intrek in een kraakheldere cel en kleedde zij zich in levendige kleuren. Toen men haar de komst van de keizer meldde, deed ze, tot verwondering van allen, haar nette kleren uit en bedekte zij zich met oude lappen: een slecht voorteken! Ze had de gewoonte haar gasten thee aan te bieden. Dan deed ze bij degenen wie een ongeluk wachtte, bij wijze van troost, veel suiker in het kopje. Toen ze de keizer thee aanbood, deed ze zó veel suiker in het kopje dat de thee over de rand liep. De vorst vroeg om met haar alleen te blijven. Toen hij haar cel verliet was zijn gevolg getroffen door zijn bleek gezicht en verwrongen trekken. Nooit heeft hij aan iemand onthuld wat de 'dwaze' van Sarov hem had meegedeeld.

Groothertog Sergius, zwager van de keizerin, maakte de reis mee. Toen de hoge bezoekers eenmaal waren vertrokken, zuchtte Pasja: "Ik kon niet naar hem kijken. Ik zag zijn hersens over een voetpad verspreid liggen". Korte tijd daarna viel de groothertog als slachtoffer van een aanslag door terroristen.

Een jaar na de feestelijkheden van Sarov werd de zozeer verlangde erfgenaam geboren, maar hij had hemofilie.

In 1904 bezorgde de oorlog met Japan aan de Russische kolos de grievende schande van een nederlaag.

....

[57] Sommigen van onze tijdgenoten hebben haar gekend. Zij stierf in 1917, meer dan honderd jaar oud.

Het eerste revolutionaire gerommel liet zich horen in 1905, met bloedige opstanden die brutaal werden onderdrukt.

De eerste wereldoorlog barstte los in 1914, in 1917 gevolgd door de Revolutie. Slechts vijftien jaar na de feestelijkheden van Sarov werd de tsaar met heel zijn familie vermoord.

De opgemaakte balans van de drie oorlogen, de beide wereldoorlogen en de burgeroorlog die Rusland verscheurde met heel hun gevolg van verschrikkingen–van epidemieën, vervolgingen, hongersnood en zuiveringsacties–spreekt van het enorme getal van veertig miljoen slachtoffers (sommigen zelfs van zestig miljoen). Overdreven of niet, de ramingen zijn schrikwekkend. De starets had gelijk toen hij zei: "Het leven zal dan kort zijn. De engelen zullen nauwelijks de tijd hebben de zielen te verzamelen".

Hoevelen onder de pelgrims die te Sarov waren samengestroomd voor de feestelijkheden van de heiligverklaring zouden later afvallig worden, hoevelen slachtoffer of martelaar?

Lichamelijk teruggekomen tussen de zijnen, om het zo maar uit te drukken, tijdens de schitterende dagen van juli, schijnt het dat de nieuwe heilige zich vastberaden plaatste op de grens tussen wat was geweest en wat ging komen. Op de vooravond van de tragische en onvoorziene toekomst kwam hij het Russische volk nog meer nabij, dat volk waarvoor hij beloofd had te zullen bidden, neergebogen voor de troon van de Allerhoogste.

DE DWAASHEID VAN HET KRUIS

Had de starets, vervuld als hij was van een profetische angst, een helderziende blik gehad op de vreselijke dagen die zouden aanbreken? Dit is beslist niet onwaarschijnlijk. Alles wat hij had voorspeld was steeds uitgekomen. Men kan zich afvragen, en we hebben dit reeds gedaan, of de man Gods in de troebelen van Divejevo, waarvoor hij zo bang was, niet een beeld heeft gezien van wat zijn geliefd land en de Russische Kerk zou overkomen. Zag hij in de persoon van de 'vreemde bezoeker' niet een voorloper van de antichrist? Er zullen er velen zijn als hij, wolven, gehuld in schapenvacht, in een soms verweesde Kerk (vgl. Mt. 7,15).

Maar de Heilige Geest schenkt de onderscheiding der geesten en verlaat de Kerk niet. Dikwijls is men verwonderd geweest over het verrassend fijne aanvoelen, waarvan de Russische christenen in de moeilijkste tijden blijk gaven, bij het onderkennen van de ware en valse herders, "Men herkent ze aan de ogen" zoals men de ware dwazen-in-Christus aan hun ogen herkent.

Op hen, de ruigharigen, de luizigen, de uitgehongerden, de halfnaakten, zal de antichrist geen vat hebben. Hij zal ze niet kunnen bekoren, noch door beloften van een aards paradijs, noch door de wonderen van de techniek of de wetenschap. Welk is hun icoon? De afbeelding van de Christus in een scharlakenrode mantel, spotkoning die door de soldaten in het gezicht wordt geslagen. Kon de Koning van de glorie zich verachtelijker en belachelijker maken?

Dié weg kiezen is: zich bekleden met Christus.

"Wij verkondigen een gekruisigde Christus, voor de Joden een aanstoot, voor de heidenen een dwaasheid" (1 Kor. 1,23). "Want de prediking van het kruis is een dwaasheid" (1 Kor. 1,18).

Dwaasheid, inderdaad, dat is zij in helaas vele landen waar het atheïsme hoogtij viert, waar de gelovigen worden beschouwd als asocialen en worden opgesloten als dwazen. Worden zelfs in de zogenaamd christelijke landen niet als dwazen beschouwd, degenen die tegen de stroom oproeien en weigeren zich te schikken naar de gewoonten en gebruiken van 'iedereen', naar de eisen van het 'moderne', jachtige leven, opgejaagd door de haast en door de techniek tot slaven gemaakt?

Er wordt heldhaftigheid gevraagd, een grote heldhaftigheid, om dwaas-in-Christus te zijn. En als de heilige Serafim het tot op zekere hoogte was, heeft het Russische volk daarom des te meer van hem gehouden. Want het Russische heldendom heeft geen behoefte aan uiterlijk vertoon. Is het niet juist vanwege deze eenvoud dat de man uit de bossen met zijn heldere ogen de uitverkorene werd van Haar die zichzelf de 'nederige dienstmaagd' noemde en die, vergoddelijkt, werd gekroond als Koningin van de hemel?

DE 'THEOTOKOS', MOEDER VAN GOD EN DE RUSSISCHE VROUW

Is Zij het niet, zijn hemelse Vorstin, die aan haar uitverkorene richtlijnen gaf aangaande het klooster van Divejevo waarvan Zij de abdis wilde zijn? Waarom boog Zij met zoveel liefde neer naar deze oefenschool van jonge, ongeletterde boerenmeisjes?

Men heeft zich dat reeds afgevraagd, maar nu kennen we ongetwijfeld het antwoord. En het belang ervan eist dat men erbij blijft stilstaan.

Wie blijft er trouw aan het voorvaderlijk geloof in een land, waar gedurende vijftig jaar een goddeloze regering, vervolgingen en lijden er niet in geslaagd zijn het te ontkerstenen? Wie bewaart en bestendigt de traditie in een Kerk, beroofd van boeken? Wie spreekt over Christus tot kinderen die van jongs af door het marxisme worden geïndoctrineerd? De vrouw.

De gehoorzaamheid van de starets aan de Koningin des hemels draagt haar vruchten. Andere startsi, met name die van de Woestijn van Optino, hebben eveneens in de tweede helft van de negentiende eeuw de Russische vrouw voorbereid op haar rol van behoedster van het geloof. Serafim van

Sarov kan als hun voorloper gelden. De belangstelling van deze monniken voor de vrouw leek op dat tijdstip schandalig. Maar het werk van deze instrumenten van de Heilige Geest is niet tevergeefs geweest. Men moet de Russische kerken waar nog kerkdiensten worden gehouden bezocht hebben, men moet die vrouwengezichten gezien hebben: hard, gesloten, streng, zoals het gezicht van de heilige Serafim op de portretten die men van hem bezit; men moet de waarde en de kracht van dat gebed aangevoeld hebben, zo verschillend van het slordige en verstrooide gebed van de christenen 'die de passie niet ondergaan hebben'.

"Die iconen van u zijn streng", zeggen de westerlingen dikwijls. Ja, maar achter die strengheid–wat een tederheid!

Men zegt soms ook geringschattend: "Maar ze zijn oud, die vrouwen!" Niet allen! En zelfs als ze het allen waren: is God niet de Meester die uit een verdroogde stam groene loten kan doen groeien? Wat zegt de Bijbel? Sara, de moeder van het uitverkoren volk, was oud. Oud was Anna, de moeder van de Heilige Maagd; oud was Elisabeth, de moeder van de Voorloper. En was de profetes Anna, die vervuld van de Heilige Geest bij de Opdracht van Jezus in de Tempel zijn Godheid verkondigde, niet vierentachtig jaar oud?

Zoals de zusters van Divejevo, houden deze vrouwen de vlam van een kleine lamp altijd brandend voor de icoon van de Moeder Gods. Deze vlam is onzeker, dit licht zwak. De starets waakt erover dat het niet uitdooft. En er is maar weinig vuur nodig om een brand te veroorzaken.

INVLOED NA ZIJN DOOD

Sinds de Revolutie heeft de Russische Kerk meer dan ooit de Heilige Geest nodig, de Trooster die Serafim van Sarov reeds op voorhand voor haar afsmeekte.

"Wanneer men u wegvoert om u over te leveren, maakt u dan niet tevoren bezorgd over wat u zult zeggen, maar zegt wat u op dat ogenblik zal ingegeven worden. Want niet gij zijt het die spreekt, maar de Heilige Geest" (Mc. 13,11).

Het is dezelfde Geest die aan de martelaren de vreugde zal schenken van beledigingen te kunnen vergeven, een vreugde waarvan de kluizenaar van de Verre Woestijn de smaak kende.

Ondanks het feit dat de starets bij zijn leven geen directe leerlingen had, kunnen alle godsmannen die leefden tussen zijn tijd en de onze beschouwd worden als zijn voortzetters, behorend tot dezelfde traditie, delend in dezelfde Geest, namelijk: Johannes van Kroonstad, Silouan van de Athos, de geniale Paul Florensky die stierf in een concentratiekamp bij de poolcirkel, evenzeer als de nederige priester van een parochie in Moskou, Alexis Metsjev, deze laatste al jong weduwnaar, vader en grootvader, was ziek en leefde in volle Revolutietijd te midden van een mensenvloed en deelde aan allen zijn wijsheid en liefde uit, zodat men hem vergeleek met de heilige Serafim.

Ofschoon zijn moed als vernieuwer niet werd opgemerkt, verborgen als de starets van Sarov was in zijn Woestijn, toch kwam deze tot uiting in zijn aanbevelingen voor een veelvuldige Communie, voor de promotie van de leek tot een waardigheid gelijk aan die van de monnik, en vooral ook voor de voortdurende gewoonte van het Jezusgebed, dat in zijn tijd alleen begon door te dringen in de volkskringen. Hij durfde dit gebed zelfs te plaatsen aan de basis van de Regel, die hij aan het door hem gestichte klooster schonk.

Sindsdien heeft heel Rusland zich sterk laten doordringen van de geest van de starets. Onlangs zei een priester die uit de Sovjet-Unie kwam tegen een anglicaanse pastor die hij te Genève had ontmoet, dat hij bij de biecht, onder het aanhoren van zijn penitenten, dikwijls de heilige Serafim meende te beluisteren. Hij wilde daarmee zeggen dat die mannen en vrouwen biechtten in de geest van de starets en dat hun houding tegenover het leven en de dood, de zonde, de verlossing en de Kerk, geïnspireerd was op de zijne.

DE GLOBALE BETEKENIS VAN DE BOODSCHAP VAN DE HEILIGE SERAFIM

Maar er is meer. Zoals de starets het voorzag, moest zijn boodschap de grenzen overschrijden. Ze was bestemd voor de 'gehele wereld'.

Voor een lijdende wereld.

En waaraan lijdt ze? Op de eerste plaats aan verlies van het geloof.

"Zie de dagen komen, zo luidt de godsspraak van de Heer, dat Ik honger breng in het land, geen honger naar brood, geen dorst naar water, maar honger en dorst om het woord van de Eeuwige te horen. Dan zullen zij zwerven van zee naar zee, dwalen van het noorden naar het oosten overal zoekend naar het woord van de Eeuwige, maar zij zullen het niet vinden!"

Amos 8,11-12

Ze zullen het niet vinden omdat ze het met hoogmoed zoeken, steunend op hun menselijk verstand. Ze zullen ernaar zoeken zonder de hulp te vragen van de Heilige Geest.

Door deze satanische ingeving van hoogmoed worden de christenen evenals de anderen ontredderd. Zij verdwalen in de doolhoven van dit 'redelijk en redenerend' geloof, vijand van de Geest. Terugkerend naar de ketterijen van vroeger, gaan ze gelijken op deze "honden die naar hun eigen braaksel terugkeren", zoals Petrus zich plastisch uitdrukt (vgl. 2 Petr. 2,22). Zich werpend in het doodlopend slop van de wanhoop, spuwen de jongeren, 'dwazen-van-de-antichrist', dronken van haat, verslaafd aan verdovende middelen, al de ongerechtigheid van hun wezen uit en verlustigen zich erin tot stervens toe. Wat de weldenkende en algemeen geachte man betreft, deze stelt al zijn hoop op de techniek; maar, weldadig als werktuig, wordt deze verschrikkelijk als idool.

De mens is bang.

Waar gaat hij heen? Wat zal er van hem geworden? Robot of God?

Maar de Heilige Geest, waarheid, liefde en leven, waait waar Hij wil.

"Zonder Hem", aldus Ignatius Hazim, metropoliet van Lattakia in 1968 te Uppsala, "is God veraf, blijft Christus in het verleden, is het Evangelie een dode letter, de Kerk een simpele organisatie, het gezag een overheersing, de missie een propaganda, de eredienst een evocatie, en het christelijk handelen een slavenmoraal. Maar in de Geest en in hechte samenwerking wordt de kosmos opgetild en kreunt bij het voortbrengen van het Koninkrijk (...) De verrezen Christus is daar en het Evangelie betekent de trinitaire zending, het gezag is een bevrijdende dienst, de missie is een Pinksteren, de Liturgie is gedachtenisviering en anticipatie, het menselijk handelen wordt vergoddelijkt ...".[58]

De heilige Serafim had de roeping hem aan de wereld te openbaren: de Onbekende van gisteren, de Miskende, de ongrijpbare Levendmaker, de goddelijke Optimist, de Schepper van al het nieuwe, die in staat is wegen te openen wanneer alles uitzichtloos is, en hoop te schenken aan de wanhopigen.

---

[58] De Metropoliet van Lattakia, Ignatius Hazim– aan wie de taak werd toevertrouwd de werkzaamheden van de Oecumenische Raad te openen over het thema: "Zie, Ik maak alles nieuw" (Apok. 21,5), dat als oriëntatie moest dienen–werd gevormd in het Instituut Sint-Sergius te Parijs. Pionier van de Jeugdbeweging in het Patriarchaat van Antiochië, is hij geworteld in een christendom, semitisch van uitdrukking, en dat dicht bij de Bijbelse bronnen staat. Olivier Clement, *Dialogues avec le Patriarche Athénagoras*, p. 495.*Patmos (Griekenland) Instituut Sint-Sergius, Parijs*

Maar kan de 'man van de straat' Hem werkelijk verwerven?

Er zijn zoveel wegen naar God als er mensen op aarde zijn. De pelgrimstocht naar het Koninkrijk staat open voor allen. De Geest is in ieder door God geschapen mens.

"Batioesjka", vroeg eens een novice aan starets Serafim, "waarom leiden wij niet een leven zoals dat van de ouden?"

"Omdat ons de vastberadenheid ontbreekt", antwoordde hij. "Als wij vastbesloten zouden zijn om hen na te volgen, dan zouden wij leven zoals onze vaderen, want deze zoekers zullen er altijd zijn, in Rusland en in de 'gehele wereld'.

De Geest is aan het werk.

Het leven gaat verder.

TWEEDE DEEL:
ONDERHOUD MET MOTOVILOV

Het was op een donderdag. De lucht zag grauw. De aarde was bedekt met een sneeuwlaag en ononderbroken dwarrelden dikke sneeuwvlokken neer, toen Vader Serafim ons gesprek begon op een open plek in de buurt van zijn Kleine Kluis tegenover de Sarovka, die vloeit aan de voet van de heuvel.

Hij liet mij zitten op een pas door hem gevelde boomstam en zelf hurkte hij tegenover mij neer.

"De Heer heeft mij geopenbaard", zei de grote starets, "dat u sinds uw jeugd ernaar verlangd hebt het doel van het christelijk leven te kennen. Over dit onderwerp hebt u verscheidene personen, zelfs hoger geplaatsten in de kerkelijke hiërarchie ondervraagd".

Het is inderdaad waar dat die gedachte mij sinds mijn twaalfde jaar voortdurend achtervolgde en ook heb ik er met meerdere geestelijken over gesproken, zonder ooit een bevredigend antwoord te ontvangen. De starets wist dit echter niet.

"Maar niemand heeft u een juist antwoord gegeven", vervolgde Vader Serafim. "Men heeft u aangeraden om naar de kerk te gaan, te bidden, te leven volgens Gods geboden, goede werken te doen en ze zeiden dat dit het doel was van het christelijk leven. Sommigen keurden zelfs uw nieuwsgierigheid af, ze vonden haar misplaatst en goddeloos. Maar ze hadden ongelijk. Wat mij betreft, de arme Serafim, ik zal u nu verklaren waarin dit doel werkelijk bestaat.

HET WARE DOEL VAN HET CHRISTELIJK LEVEN

"Bidden, vasten, nachtwaken en andere christelijke oefeningen, hoe goed ze ook mogen lijken in zichzelf, vormen niet het doel van het christelijk leven, al helpen zij wel om er toe te komen. Het ware doel van het christelijk leven bestaat in het verwerven van de Heilige Geest van God. Bidden, vasten, nachtwaken, aalmoezen geven en elk ander goed werk gedaan in de Naam van Christus, zijn slechts middelen om de Heilige Geest te verwerven.

IN CHRISTUS' NAAM

"Bemerk dat enkel een goede daad, verricht in Christus' Naam, ons de vruchten van de Heilige Geest verleent. Alles wat niet in zijn Naam is gedaan, zelfs al is het goed, verleent ons geen enkele beloning voor de komende eeuw en evenmin de goddelijke genade voor dit leven. Daarom zei de Heer Jezus Christus: 'Wie niet met Mij bijeenbrengt, verstrooit' (Lc. 11,23).

"Toch moet men een goede daad 'verzameling' of oogst noemen, want zelfs als deze niet verricht is in de Naam van Christus, blijft ze goed. Want de Schrift zegt: 'Ieder die Hem vreest, uit welk volk ook, en het goede doet, is Hem welgevallig' (vgl. Hand. 10,35). De honderdman Cornelius, die God vreesde en volgens de gerechtigheid handelde, werd tijdens zijn gebed door een engel van God bezocht, die hem zei: 'Zend mannen naar Simon, de leerlooier, te Joppe, daar zult u een zekere Petrus vinden die u woorden van eeuwig leven zal voorhouden, waardoor gij zult gered worden met heel uw gezin' (vgl. Hand. 10).

"Men ziet dus dat de Heer zijn goddelijke middelen gebruikt, opdat zo'n mens in de eeuwigheid niet verstoken zou worden van de beloning die hij verdiend had. Maar om deze te verkrijgen moet hij reeds hier beneden beginnen te geloven in onze Heer Jezus Christus, de Zoon van God, die op aarde is gekomen om de zondaars te redden; zo moet hij ook beginnen met het verwerven van de genade van de Heilige Geest die in onze harten het Koninkrijk Gods binnenleidt en ons de weg bereidt naar de toekomstige zaligheid. Tot zover reikt de voldoening die de goede daden, ook al zijn ze niet in de Naam van Christus verricht, aan God geven. De Heer geeft ons de middelen om ze te voltooien. Het hangt van de mens af er al dan niet gebruik van te maken. Daarom heeft de Heer aan de Joden gezegd: 'Als gij blind waart, zoudt gij geen zonden hebben, maar nu gij zegt: wij zien, blijft uw zonde' (Joh. 9,41). Toen een man als Cornelius, wiens werken niet in de Naam van Christus waren gedaan maar die aangenaam waren aan God, begon te geloven in diens Zoon, werden deze werken aangerekend alsof ze verricht waren in de Naam van Christus, vanwege zijn geloof in Hem (vgl. Heb. 11,6). In het tegenovergestelde geval heeft de mens niet het recht zich te beklagen als het volbrachte goede hem geen voordeel bracht. Dat gebeurt nooit als een goede daad in de Naam van Christus is gedaan, want het goede in Zijn Naam verricht, verschaft niet alleen een gloriekroon in het toekomstige leven, maar reeds hierbeneden vervult het de mens met de genade van de Heilige Geest, zoals er gezegd is: 'Zo mateloos schenkt God zijn Geest. De Vader heeft de Zoon lief en heeft Hem alles in handen gegeven' (Joh. 3,34-35).

HET VERWERVEN VAN DE HEILIGE GEEST

"Daarom bestaat het werkelijke doel van ons christelijk leven in het verwerven van deze Geest Gods, terwijl het gebed, de nachtwaken, het vasten, de aalmoes en andere deugdzame daden in de Naam van Christus verricht, slechts middelen zijn om deze te verkrijgen".

"Wat bedoelt u met 'verwerven'?" vroeg ik aan Vader Serafim. "Ik begrijp het niet goed".

"'Verwerven' is zoveel als 'iets winnen'. U weet toch wat bij voorbeeld geld verwerven is. Met de Heilige Geest gaat het precies zo. Het levensdoel van de gewone mensen bestaat in het verwerven van geld; bij de adel komt daar bovendien nog bij: het verlangen naar eerbewijzen, onderscheidingstekenen en andere beloningen, geschonken voor diensten aan de staat bewezen. Het verwerven van de Heilige Geest vertegenwoordigt een kapitaal, maar dan een eeuwig kapitaal, uitdeler van genaden, zeer gelijkend op de tijdelijke kapitalen en dat op soortgelijke wijze gewonnen wordt. De Godmens, onze Heer Jezus Christus, vergelijkt ons leven met een markt en onze bedrijvigheid hier op aarde met een handel, waar Hij ons allen aanbeveelt: 'Drijf handel totdat Ik terugkom en benut de gunstige gelegenheid, want de dagen zijn onzeker' (vgl. Lc. 19,13 en Ef. 5,16). Dat wil zeggen: haast u de hemelse goederen te verwerven door handel te drijven met aardse goederen. Deze aardse goederen zijn niets anders dan deugdzame werken die in Naam van Christus gedaan zijn en die ons de genade van de Heilige Geest geven.

DE PARABEL VAN DE MAAGDEN

"In de parabel van de wijze en dwaze maagden (Mt. 25,1-13) wordt aan de dwazen die geen olie hadden, gezegd: 'Ga op de markt wat kopen'. Maar toen zij thuiskwamen vonden zij de deur van de bruidskamer gesloten en konden zij niet binnengaan. Sommigen menen dat het gebrek aan olie bij de dwaze maagden een symbool is van het feit dat zij niet genoeg deugdzame daden gesteld hadden gedurende hun leven. Zo'n uitleg is niet helemaal juist. Welk gebrek aan deugd zou men hier kunnen aanhalen 'want ze worden tenslotte toch maagden genoemd, al is het dan 'dwaze maagden'. De maagdelijkheid is een hoge deugd, een bijna engelachtige staat, die alle andere deugden kan vervangen. Het komt mij, arme, voor dat hun juist de Heilige Geest van God ontbrak. Ze leefden deugdzaam, maar deze maagden die geestelijk onwetend waren, meenden dat het christelijk leven alleen in die praktijken bestond. Wij hebben deugdzaam gehandeld, we hebben vroom werk verricht, zo dachten ze, zonder er zich bezorgd over te maken of zij, ja of neen, de genaden van de Heilige Geest hadden ontvangen. Over zo'n leven, dat alleen op de beoefening van de morele deugden is gegrond, zonder dat er zorgvuldig wordt nagegaan of deze wel de genade van de Geest Gods meebrengt, en zo ja, in welke mate, is in de boeken van de Vaders gezegd: 'Er zijn wegen die in het begin goed schijnen, doch ze voeren tot de afgrond' (Spr. 14.12-. 16,25).

"In zijn Brieven aan de monniken spreekt Antonius de Grote over deze maagden: 'Veel monniken en maagden weten totaal niets van het verschil dat er bestaat tussen de drievoudige wil die in een mens werkzaam is. De eerste is de wil van God, volmaakt en zaligmakend; de tweede onze eigen wil, menselijk en in zich noch slecht noch heilbrengend; terwijl de derde, duivels, helemaal slecht is. Die derde vijandelijke wil dwingt de mens ofwel om helemaal geen deugd te beoefenen, ofwel ze te beoefenen uit ijdelheid of alleen omwille van het 'goede' en niet om Christus. De tweede, onze eigen wil, spoort ons aan onze slechte instincten te bevredigen, ofwel zoals die van de vijand, 'het goede te doen in naam van het goede' zonder zich te bekommeren om de genade die men kan verwerven. Wat de eerste wil betreft, de heilbrengende wil van God, deze bestaat erin dat zij ons leert de goede werken uitsluitend te doen met het doel de Heilige Geest te verwerven, eeuwige en onuitputtelijke schat, waar niets op aarde mee vergeleken kan worden.

"Juist de genade van de Heilige Geest, gesymboliseerd door de olie, ontbrak aan deze dwaze maagden. Ze worden 'dwaas' genoemd, omdat ze zich niet bekommerden om de noodzakelijke vrucht van de deugd, namelijk de genade van de Heilige Geest, zonder welke niemand gered kan worden. De antifoon voor het Evangelie van de Metten zegt immers: 'Iedere ziel wordt levend gemaakt door de Heilige Geest om verlicht te worden door het heilig mysterie van de Drieëenheid'. De Heilige Geest zelf neemt zijn intrek in onze zielen en dit verblijf in ons van de Allerhoogste, dit samenzijn in ons van de Drieëenheid én onze geest, wordt ons slechts verleend op voorwaarde dat wij, met alle ons beschikbare middelen, werken om deze Heilige Geest te verkrijgen. Hij zal dan in ons een plaats bereiden die deze ontmoeting waardig is, naar het onveranderlijke woord van God: 'Ik zal tot hen komen en verblijf bij hen nemen; Ik zal hun God zijn en zij mijn volk' (Apok, 3,20; Joh, 14,23; Ez. 37,27). Dit is precies die olie, die de wijze maagden in hun lampen hadden, olie die lange tijd kon branden, hoog en helder, waardoor zij de komst van de Bruidegom te middernacht konden afwachten om met Hem binnen te gaan in de bruidskamer van de eeuwige vreugde.

"Wat de dwaze maagden betreft: toen zij zagen dat hun lampen dreigden uit te gaan, gingen zij naar de markt, maar konden niet tijdig terug zijn voordat de deur gesloten werd. De markt is ons leven. De deur van de bruidskamer die gesloten was en de toegang tot de Bruidegom ontzegde, dat is onze menselijke dood. De maagden, zowel de dwaze als de wijze, zijn de christelijke zielen. De olie symboliseert niet onze daden, maar de genade, waardoor de Heilige Geest ons wezen vult en omvormt: het bederfelijke in het onbederfelijke; de psychische dood in een geestelijk leven; de duisternis in licht; de stal, waar onze hartstochten zijn vastgebonden als beesten in een tempel Gods, in een bruidskamer waar wij onze Heer, Schepper, Verlosser en Bruidegom onzer zielen, ontmoeten. Groot is het medelijden dat God heeft met onze ellende, dit wil zeggen onze nalatigheid tegenover zijn bezorgdheid. Hij zegt: Ik sta voor de deur en Ik klop (...) ' (Apok. 3,20), waarbij met 'deur' verstaan wordt de stroom van ons leven die nog niet door de dood tot stilstand werd gebracht.

HET GEBED

"Vriend van God, wat zou ik blij zijn dat u tijdens dit leven steeds in de Heilige Geest zoudt zijn. 'Ik zal u beoordelen volgens de staat waarin Ik u zal vinden', heeft de Heer gezegd (vgl. Mt. 24,42 en par.). Het zou een groot ongeluk zijn als Hij ons aantreft, bezwaard door aardse zorgen en lasten, want wie kan zijn toorn verdragen en wie Hem weerstaan? Daarom werd er gezegd: 'Waakt en bidt dat gij niet op de bekoring ingaat' (Mt. 26,41), anders gezegd: opdat ge niet beroofd wordt van Gods Geest, want nachtwaken en gebed schenken ons zijn genade.

"Ongetwijfeld ieder goed werk, verricht in de Naam van Christus, schenkt de genade van de Heilige Geest, maar het gebed schenkt dit méér dan wat ook, en dit staat altijd tot onze beschikking. U zou bij voorbeeld naar de kerk willen gaan, maar de kerk is veraf of het officie is afgelopen; u zou een aalmoes willen geven maar er is nergens een arme te zien of u hebt geen geld. U zou maagd willen blijven, maar u hebt er de nodige kracht niet toe vanwege uw constitutie of vanwege de hinderlagen van de vijand waaraan uw zwakke menselijke natuur niet kan weerstaan. U zou dit of dat goed werk willen doen in Naam van Christus, maar de kracht ontbreekt u of er is geen gelegenheid voor. Het gebed echter kent deze belemmeringen niet, iedereen kan altijd bidden: de rijke zowel als de arme, de bekende zowel als de gewone man, de sterke zowel als de zwakke, de gezonde zowel als de zieke, de vrome zowel als de zondaar.

"Over de macht van het gebed, zelfs van het zondige gebed dat voortkomt uit een rechtzinnig hart, kan men oordelen door het volgende voorbeeld uit de heilige traditie. Een ongelukkige moeder had zojuist haar enige zoon verloren en zij was wanhopig van verdriet. Een vrouw van lichte zeden die haar ontmoette was door dit verdriet zozeer getroffen, dat zij op verzoek van de moeder, hoewel zij nog zeer zondig was, tot de Heer durfde te roepen: 'Niet om mij, vreselijke zondares, maar omwille van de tranen van deze moeder, die weent om haar zoon en die toch vast gelooft in uw barmhartigheid en uw almacht, wil hem weer opwekken ten leven, Heer!' En de Heer wekte hem weer op.

"Dat is, vriend van God, de macht van het gebed. Meer dan wat ook geeft het ons de genade van de Heilige Geest, en het is meer dan wat ook altijd in ons bereik. Gelukzalig zijn we, als de Heer ons wakende vindt in de volheid van de gaven van zijn Heilige Geest. Dan kunnen we hopen op de wolken te worden weggevoerd onze Heer tegemoet, wanneer Hij aan de hemel verschijnt met macht en glorie bekleed om levenden en doden te oordelen en ieder zijn loon te geven.

WANNEER HET GEBED MOET WIJKEN VOOR DE HEILIGE GEEST

"Vriend van God, u beschouwt het als een groot geluk u te mogen onderhouden met de arme Serafim, overtuigd als u bent dat hij niet zonder genade is. Wat moeten we dan wel niet zeggen van een onderhoud met God zelf, onuitputtelijke Bron van hemelse en aardse genaden? Door het gebed worden wij waardig ons te onderhouden met onze levendmakende en barmhartige Verlosser. Maar ook dan moeten we slechts bidden tot op het moment waarop de Heilige Geest op ons neerdaalt en ons, in een zekere maat die Hem alleen bekend is, Zijn hemelse genade meedeelt. Worden we door Hem bezocht, dan moeten we ophouden met bidden.

"Inderdaad, waarom zouden we Hem nog vragen: 'Kom, "Neem Uw intrek bij ons, zuiver ons van alle smet en red onze zielen, Gij die goedheid zijt' (orthodoxe tropaar bij het begin van het officie), wanneer Hij als antwoord op onze nederige en hunkerende uitnodigingen reeds gekomen is binnen de tempel van onze ziel, die dorstig was naar zijn komst? Ik zal u dat toelichten aan de hand van een voorbeeld. Stel u voor dat u mij bij u hebt uitgenodigd en dat ik inderdaad ben gekomen om met u te spreken. Maar ofschoon ik aanwezig ben, blijft u steeds maar herhalen: 'Kom bij mij binnen!' Ik zou zeker denken: 'Wat heeft hij toch? Hij is niet meer helder. Ik bén bij hem en hij gaat maar door met mij uit te nodigen'. Hetzelfde gaat op wanneer er sprake is van de Heilige Geest. Daarom is er gezegd: 'Verwijder u en besef dat Ik God ben. Ik zal mij verheffen tussen de naties, Ik zal mij verheffen van de aarde' (Ps. 46,11). Dit betekent: Ik zal verschijnen en blijven verschijnen aan iedere gelovige en Ik zal met hem spreken zoals Ik sprak met Adam in het paradijs, met Abraham en Jakob en met mijn andere dienaren, Mozes, Job en hun gelijken. Velen denken dat we dit 'verwijderen' moeten verstaan met betrekking tot de zaken van deze wereld, met andere woorden: in het gebed moet men zich van al het aardse verwijderen. Dit is zeker waar. Maar ik, voor God, zou zeggen dat naast de noodzaak zich gedurende het gebed los te maken van deze dingen, het evenzeer nodig is, wanneer God, de Heilige Geest, ons bezoekt en in ons komt met de volheid van zijn onuitsprekelijke goedheid, zich af te wenden van het gebed, ja, het gebed zélf achterwege te laten.

"De biddende ziel spreekt en gebruikt woorden. Maar bij het neerdalen van de Heilige Geest is het passend absoluut stil te zijn, opdat de ziel duidelijk zou kunnen horen en goed begrijpen alles wat Hij ons dan over het eeuwige leven aanzegt. Ziel en geest moeten dan volkomen sober zijn en het lichaam kuis en zuiver. Zo gebeurde het op de berg Horeb, toen Mozes de Israëlieten bevel gaf zich drie dagen van vrouwen te onthouden voor de nederdaling van God op de Sinaï, want God is 'een verterend vuur' (Heb. 12,29) en niets onzuivers, noch fysiek noch geestelijk, kan met Hem in contact komen.

GEESTELIJKE HANDEL

"Vader, hoe kunnen we in Christus' Naam andere deugden beoefenen om de komst van de Heilige Geest te verkrijgen? U spreekt alleen maar van het gebed".

"Bekom de genade van de Heilige Geest door in Naam van Christus alle mogelijke deugden te verwerven. Drijf handel op geestelijke wijze en let op wat u het meest ten goede komt. Plaats uw kapitaal, dit wil zeggen de vruchten van de zalige renten van de goddelijke barmhartigheid, op de eeuwige spaarbank van God, tegen onstoffelijke procenten, niet alleen tegen 4 procent of 6 procent maar tegen 100 procent en zelfs oneindig veel meer. Bijvoorbeeld, bidden en nachtwaken schenken u veel genaden? Waak dan en bid. Brengt het vasten u méér op? Vast dan. Brengt de liefdadigheid u nog méér op? Beoefen de liefdadigheid. Beschouw dan op deze wijze iedere goede daad in Naam van Christus verricht.

"Laat ik nu even over mezelf spreken, ik, de arme Serafim. Ik ben geboren in een koopmansfamilie uit de stad Koersk. Toen ik nog niet in het klooster was, dreven mijn broer en ik handel in verschillende waren en in het bijzonder in die waaraan het meest te verdienen viel. Zo moet u nu ook doen. Zoals men in de handel tot doel heeft zoveel mogelijk winst te maken, zo bestaat het doel van het christelijk leven niet alleen in te bidden en het goede te doen, maar in zoveel mogelijk genaden te verwerven. Ofschoon de apostel zegt: 'Bidt zonder ophouden' (1 Tess. 5,17), voegt hij eraan toe: 'Ik wil liever vijf woorden spreken met de hulp van mijn verstand dan duizend woorden met mijn tong alleen' (vgl. 1 Kor. 14,19). En de Heer waarschuwt ons: 'Niet ieder die tot Mij zegt: Heer, Heer! zal gered worden, maar hij die de wil doet van mijn Vader die in de hemel is' (Mt. 7,21), met andere woorden, hij die het werk Gods met ijver volbrengt (vgl. Jer. 48,10). En welk is dat werk anders dan 'geloven in God en in Hem die Hij gezonden heeft, Jezus Christus' (Joh. 6,29). Als men op de juiste wijze nadenkt over de voorschriften van Christus en de apostelen, ziet men wel dat onze christelijke activiteit niet louter moet bestaan in het verzamelen van goede werken, ze zijn slechts middelen om het doel te bereiken, maar in er zo veel mogelijk profijt uit te trekken, anders gezegd: er de overvloedige gaven van de Heilige Geest door te verkrijgen.

"Vriend van God, wat zou ik toch graag zien dat u deze onuitputtelijke bron van genade kon vinden en dat u zich zonder ophouden zou afvragen: 'Is de Heilige Geest met mij? Als Hij met mij is, gezegend zij dan God, want we behoeven ons dan niet ongerust te maken, zelfs al stond het Laatste Oordeel voor de deur, want ik ben gereed om te verschijnen'. Er werd immers gezegd: 'Ik zal u oordelen naar de staat waarin Ik u zal vinden'. Heeft men daarentegen niet de zekerheid in de Heilige Geest te zijn, dan moet men de oorzaak nagaan waarom Hij ons verlaten heeft en Hem zonder ophouden zoeken totdat we Hem en zijn genade opnieuw gevonden hebben. De vijanden die ons beletten naar Hem toe te gaan moeten wij zolang bestrijden totdat zij volledig verslagen zijn. De profeet David heeft gezegd: 'Ik vervolg mijn vijanden, haal hen in. Ik keer niet terug eer ik hen heb verslagen, ik sla hen neer zodat zij niet meer opstaan, zij vallen en blijven liggen onder mijn voeten' (Ps. 18,38-39).

"Ja, zo is het. Drijf geestelijke handel met deugd. Deel de genadegaven uit aan wie erom vragen en denk daarbij aan het volgende voorbeeld: een brandende kaars, al heeft ze slechts aards vuur, steekt zonder haar glans te verliezen andere kaarsen aan, die weer andere ruimten zullen verlichten. Als dit reeds eigen is aan aards vuur, wat dan te zeggen van het vuur van de genade van de Heilige Geest? Aardse rijkdom vermindert als ze wordt uitgedeeld, de hemelse rijkdom van de genade, daarentegen, vermeerdert bij degene die ze verspreidt. Zo heeft de Heer zelf tegen de Samaritaanse vrouw gezegd: 'Iedereen die van dit water drinkt, krijgt weer dorst, maar wie van het water drinkt dat Ik hem zal geven, krijgt in eeuwigheid geen dorst meer, integendeel, het water dat Ik hem zal geven, zal in hem een waterbron worden, opborrelend tot eeuwig leven' (Joh. 4,13-14)".

GOD ZIEN

"Vader", zei ik, "u spreekt, voortdurend over het verkrijgen van de genade van de Heilige Geest als doel van het christelijk leven; maar hoe kan ik haar herkennen? Goede daden zijn zichtbaar, maar hoe kan de Heilige Geest gezien worden? Hoe kan ik weten of Hij al dan niet met mij is?"

"Wij leven in een tijd", antwoordde de starets, "waarin lauwheid in het geloof en ongevoeligheid ten opzichte van de vereniging met God zo groot geworden zijn dat men zich bijna geheel van het ware christelijk leven verwijderd heeft. Sommige passages uit de Heilige Schrift lijken ons vandaag vreemd, bijvoorbeeld wanneer de Heilige Geest spreekt door de mond van Mozes: 'Adam zag God wandelen in het paradijs' (Gen. 3,8), of zoals wij bij de apostel Paulus lezen, dat de Heilige Geest hun ervan weerhouden had het woord te verkondigen in Asia, maar dat diezelfde Geest hem vergezelde toen hij zich naar Macedonië begaf (vgl. Hand. 16,6-9). Op menige andere plaats in de Heilige Schrift is er herhaaldelijk sprake van het verschijnen van God aan de mens.

"Toch zeggen sommigen: 'Deze passages zijn onbegrijpelijk. Mag men aannemen dat mensen God zo concreet kunnen zien?' Dit onbegrip komt voort uit het feit dat, onder voorwendsel van onderricht en wetenschap, wij tot zo'n duistere onwetendheid gekomen zijn, dat wij al datgene waarvan de ouderen een betrekkelijk helder begrip hadden onaanvaardbaar vinden. Toen sprak men onder elkaar heel eenvoudig over de zelfopenbaring van God aan de mensen als over iets wat algemeen bekend was en absoluut niet vreemd. Zo antwoordde Job zijn vrienden, toen zij hem verweten dat hij God lasterde: 'Hoe zou ik dat kunnen doen als ik de adem van de Almachtige in mijn neus voel?' (vgl. Job 27,3). Met andere woorden: hoe zou ik de Heer kunnen lasteren als Zijn Heilige Geest met mij is? Indien ik God lasterde zou de Heilige Geest mij verlaten, maar ik voel Zijn ademhaling in mijn neus. Ook Abraham en Jakob hebben gesproken met God. Jakob heeft zelfs met God geworsteld. Mozes heeft God gezien en heel het volk met hem, toen hij de tafelen van de Wet ontving op de berg Sinaï. Een vurige wolkkolom, de zichtbare genade van de Heilige Geest, diende het volk als gids in de woestijn. De mensen zagen God en Zijn Geest niet in een droom of in een extase, vrucht van een ziekelijke verbeelding, maar in werkelijkheid.

"Maar wij, onoplettend als wij geworden zijn, verstaan de woorden uit de Schrift anders dan ze bedoeld zijn. En wel omdat wij, in plaats van de genade te zoeken, haar door ons verstandelijke hoogmoed verhinderen in onze ziel te komen wonen en ons te verlichten, zoals zij die met heel hun hart de waarheid zoeken, verlicht zijn.

DE SCHEPPING

"Neem bijvoorbeeld het vers uit de Bijbel: 'Toen vormde God de mens uit kleiaarde en blies levensadem in zijn neus' (Gen. 2,7). Velen interpreteren deze woorden alsof Adam tot dat moment slechts uit kleigrond bestond, zonder ziel en geest. Die uitleg is onjuist. De Heer God heeft Adam geschapen, uit kleigrond in de staat waarvan de apostel Paulus zegt: 'Moge uw geest, ziel en lichaam ongerept bewaard zijn bij de komst van onze Heer Jezus Christus' (1 Tess. 5,23).

"Deze drie delen van ons wezen zijn geschapen uit de klei van de aarde. Adam is niet dood geschapen maar als een handelend, dierlijk schepsel, evenals de andere schepselen die op aarde leven en door God bezield zijn. Maar dit is belangrijk: Indien God daarna niet in Adam zijn 'levensadem' had geblazen, dit wil zeggen de genade van de Heilige Geest die uitgaat van de Vader en rust op de Zoon die naar de aarde gezonden is omwille van Hem, dan zou Adam, hoe volmaakt hij ook was en al overtrof hij al de andere schepselen, beroofd zijn geweest van de vergoddelijkende Geest. Hij zou gelijken op alle andere schepselen met een lichaam, een ziel en een geest, ieder volgens hun soort, maar innerlijk beroofd van de Heilige Geest die verwant maakt met God. Vanaf het moment dat God Adam de levensadem inblies, werd hij naar Mozes' woord: 'een levende ziel', dit betekent; in alles aan God gelijk, voor eeuwig onsterfelijk. Adam werd onkwetsbaar geschapen; geen enkel element had invloed op hem: in het water kon hij niet verdrinken, het vuur kon hem niet verbranden, de aarde kon hem niet verslinden, de lucht kon hem niet schaden. Alles was hem onderworpen als aan Gods welbeminde, als aan de eigenaar en koning van de schepselen. Hij was de volmaaktheid zelf, de kroon van Gods werken en als zodanig bewonderd. De levensadem die Adam van de Schepper ontving, vervulde hem zodanig met wijsheid, dat er nooit op aarde een mens was, en waarschijnlijk nooit zal zijn, zó vervuld van kennis en wetenschap als hij. Toen God hem beval alle schepselen een naam te geven, noemde hij hen naar hun kwaliteiten, krachten en eigenschappen die God ieder had toegekend.

"Door die bovennatuurlijke gave van de goddelijke genade, die voortvloeide uit de hem geschonken levensadem, heeft Adam God, die in het paradijs wandelde, kunnen zien en zijn woorden verstaan, evenals het gesprek van de heilige engelen en de talen van alle schepselen, vogels en reptielen, die op aarde leven. Alle dingen, die nu voor ons zondaars verborgen zijn, waren voor Adam duidelijk en begrijpelijk vóór de zondeval.

"Dezelfde wijsheid, kracht en macht en alle andere goede eigenschappen, gaf God ook aan Eva, nadat Hij haar, niet uit klei van de aarde, maar uit een rib van Adam had geschapen in het lieflijke Eden, in het paradijs dat God deed opbloeien in het midden van de aarde.

DE LEVENSBOOM EN DE ERFZONDE

"Opdat Adam en Eva altijd gemakkelijk in hen de onsterfelijke, volmaakte en goddelijke eigenschappen, voortkomend uit de levensadem, zouden kunnen onderhouden, plantte God de levensboom in het midden van het paradijs. In zijn vruchten sloot hij al de kracht en de volheid van de gaven van zijn goddelijke Adem in. Indien Adam en Eva niet gezondigd hadden, zouden zij zelf en heel hun nageslacht, door de vruchten van deze boom te eten, de levendmakende kracht van Gods genade bewaard hebben, eveneens een onsterfelijke en eeuwig vernieuwde volheid van lichamelijke, psychische en geestelijke krachten, een eeuwig niet-verouderen, een staat van zaligheid, die onze verbeelding zich tegenwoordig maar moeilijk kan voorstellen.

"Toen Adam en Eva vroegtijdig en tegen Gods geboden proefden van de vruchten van de boom der kennis van goed en kwaad, leerden zij het verschil tussen goed en kwaad kennen en vielen zij ten prooi aan allerlei rampen die hen overvielen na de overtreding van Gods gebod. Zij verloren de kostbare gave van de genade van de Heilige Geest en tot aan de komst van de Godmens Jezus Christus, was 'de Geest niet in de wereld omdat Jezus nog niet verheerlijkt was' (Joh. 7,39).

DE GEEST VAN GOD IN HET OUDE VERBOND

"Dit betekent echter niet dat Gods Geest de wereld volkomen verlaten had, maar zijn aanwezigheid was niet zo duidelijk als ze was in Adam of zoals in ons, rechtgelovige christenen. Maar Hij bleef uitwendig en de mensen wisten dit. Zo werden bijvoorbeeld aan Adam na zijn zondeval, evenals aan Eva, vele geheimen betreffende het toekomstig heil van de mensheid geopenbaard. Ondanks zijn misdaad kon Kaïn de stem van God, die hem zijn misdaad verweet, verstaan. Noach sprak met God. Abraham heeft God gezien en hij heeft er zich over verheugd. De genade van de Heilige Geest manifesteerde zich uitwendig in alle oudtestamentische profeten en in alle heiligen van Israël. De Joden hadden reeds speciale scholen waar men de tekenen van het verschijnen van God en de engelen leerde onderscheiden, evenals het verschil tussen de werken van de Heilige Geest en de gebeurtenissen van het gewone leven zonder de genade. Simeon, Joachim en Anna en veel andere dienaren van God, werden dikwijls begenadigd met goddelijke openbaringen. Zij hoorden stemmen, kregen onthullingen die later bekrachtigd werden door wonderbare maar waarachtige gebeurtenissen.

DE GEEST VAN GOD BIJ DE HEIDENEN

"Met minder grote kracht manifesteerde de Geest van God zich onder de heidenen, die de ware God niet kenden, maar onder wie Hij ook zijn volgelingen vond. Bijvoorbeeld de profeterende Sibillijnse maagden die haar maagdelijkheid bewaarden voor een onbekende God, maar toch een God die men beschouwde als de Schepper van het heelal, de Almachtige die de wereld bestuurt. De heidense wijsgeren, die dwaalden in de duisternis van hun onwetendheid omtrent God, maar die de waarheid zochten, konden omwille van dit aan de Schepper welgevallige zoeken, in zekere mate de Heilige Geest ontvangen. Er is gezegd: 'De naties die God niet kennen, handelen volgens de natuurwet en doen zo wat Hem behaagt' (Rom. 2,14). God heeft de waarheid zo lief, dat Hijzelf door zijn Geest ons openbaart: 'de gerechtigheid straalt uit van de aarde en de waarheid daalt neer uit de hemelen' (Ps. 85,12).

"Aldus is sedert de val van Adam en tot aan de Menswording van onze Heer Jezus Christus, de kennis van God bewaard gebleven in het door God geliefde en uitverkoren volk, alsook bij de heidenen die God niet kenden.

CHRISTUS' KOMST GEOPENBAARD DOOR DE HEILIGE GEEST

"Wanneer deze kennis niet altijd duidelijk bewaard was gebleven in het menselijk geslacht, hoe zouden de mensen dan juist hebben kunnen weten of Hij gekomen was die, volgens de beloften aan Adam en Eva gedaan, moest geboren worden uit een Maagd, die de kop van de slang zou verpletteren?

"Maar zie, de heilige Simeon, aan wie op de leeftijd van vijfenzestig jaar het mysterie van de maagdelijke ontvangenis en geboorte van Christus geopenbaard werd, verkondigde overluid in de tempel dat hij in de Heilige Geest de zekerheid had, daar voor hem te zien Gods Gezalfde, de Redder van de wereld, wiens geboorte uit de aller-zuiverste Maagd en de Heilige Geest hem driehonderd jaar tevoren door een engel was voorzegd.[59] De heilige profetes Anna, dochter

....

[59] De tekst is hier schatplichtig aan een apocriefe traditie, volgens welke de grijsaard Simeon zou geleefd hebben tot de ouderdom van driehonderdvijfentachtig jaar.

van Fanuël, die sedert haar weduwschap, gedurende tachtig jaren God diende in de tempel, en die vervuld was van genade en wijsheid, verkondigde eveneens dat dit inderdaad de Messias was, de ware Christus, God en mens, de Koning van Israël, gekomen om Adam en heel het menselijk geslacht te redden.

HERNIEUWING VAN DE 'LEVENSADEM' DOOR ADAM VERLOREN

"Om zijn heilswerk te voltooien blies onze Heer, verrezen uit de doden, over zijn apostelen en hernieuwde hiermee de levensadem waarvan Adam genoten had en gaf hun de genade terug die Adam verloren had. Maar dit was niet alles. Hij zei hun: 'In waarheid zeg Ik u, het is beter voor u dat Ik heenga, want als Ik niet heenga zal de Helper niet tot u komen. Nu Ik wel ga, zal Ik Hem tot u zenden. Wanneer Hij komt, de Geest der waarheid, zal Hij u tot de volle waarheid brengen, u en allen die zullen geloven in uw onderricht en Hij zal u alles in herinnering brengen wat Ik gezegd heb toen Ik nog bij u was in de wereld' (vgl. Joh. 16,7-13; 14,26).

PINKSTEREN

"En toen werd het Pinksteren. Hij zond hun plechtig de Heilige Geest in een stormwind en in de vorm van vurige tongen, die zich op ieder van hen neerzetten en hen vervulden met de stralende kracht van de goddelijke genade als een levendmakende dauw en een vreugde voor de zielen van hen die deelhebben aan zijn kracht en aan zijn werken.

DOOPSEL

"Deze stralende genade van de Heilige Geest wordt aan ons allen, die geloven in Christus, meegedeeld in het sacrament van de Doop. Zij wordt bezegeld door het chrisma: zalving met het heilig chrisma op de voornaamste delen van het lichaam, zoals de Kerk, eeuwige bewaarster van deze genade, aangeeft. Hierbij zegt men: 'Het zegel van de gave van de Heilige Geest'. Welnu, wat verzegelen wij anders dan die vaten waarvan de inhoud bijzonder kostbaar is? En wat is kostbaarder en heiliger in deze wereld dan de gaven van de Heilige Geest, die wij uit den hoge ontvangen tijdens het sacrament van de Doop?

"De genade van de Doop is zo groot, zo belangrijk en levenwekkend voor de mens dat zij hem tot aan de dood niet ontnomen wordt, zelfs niet als hij tot ketterij vervalt, dit wil zeggen tot het einde van zijn beproeving in de tijd, zoals die door de Voorzienigheid is vastgesteld, om hem een kans te geven zich weer op te richten.

"Indien wij niet zouden zondigen, zouden wij altijd heilige, onbevlekte dienaren Gods blijven, vreemd aan iedere onreinheid van lichaam en geest. Maar helaas, met het toenemen van de jaren groeien wij niet in wijsheid en genade zoals onze Heer Jezus Christus (vgl. Lc. 2,52). Integendeel, we worden steeds slechter en, beroofd van Gods Geest, worden we grote, verfoeilijke zondaars.

BEROUW

"Wanneer een mens, tot het leven teruggebracht door de goddelijke wijsheid die altijd bekommerd is om ons heil, besluit zich tot God te bekeren om aan de ondergang te ontkomen, dan moet hij de weg gaan van het berouw. Hij moet juist die deugden beoefenen die tegengesteld zijn aan de begane zonden, en door in Christus' Naam te handelen zich inspannen om de Heilige Geest te verwerven, die in ons het Hemelse Rijk voorbereidt.

"Het Woord heeft niet voor niets gezegd: 'Het Koninkrijk Gods is midden onder u en men dringt er slechts binnen met geweld en inspanning' (Lc. 7,21). Indien de mensen, ondanks de zondebanden die hen gevangen houden en hen door nieuwe ongerechtigheden verhinderen zich tot de Heiland te wenden met een volmaakt berouw, zich inspannen om deze kluisters te verbreken, zullen ze uiteindelijk, witter dan sneeuw, voor Gods Aanschijn verschijnen, gezuiverd door zijn genade.

'Kom, zegt de Heer, al waren uw zonden als scharlaken, Ik zal ze wit maken als sneeuw' (Jes. 1,18). Zo zag de ziener van de Apocalyps, de heilige apostel Johannes de Theoloog, een grote schare gerechtvaardigde mensen, in het wit gekleed, met palmen in de hand ten teken van hun overwinning, terwijl ze het Halleluja zongen. Onvergelijkelijk mooi was hun gezang. Over deze mensen zegt de engel van de Heer: 'Dezen zijn het die komen uit de grote verdrukking en hun kleren hebben witgewassen in het Bloed van het Lam' (Apok. 7,14).

HET BLOED VAN HET LAM, GEGEVEN IN RUIL VOOR DE VRUCHT VAN DE LEVENSBOOM

"Wij zijn 'gewassen' door het lijden en 'gereinigd' door deel te nemen aan de allerheiligste mysteries van het Lichaam en Bloed van het smetteloze Lam, de Christus, die vrijwillig voor alle eeuwen geslacht werd voor het heil van de wereld, die altijd en tot op heden geofferd wordt, gedeeld en nooit verbruikt. Zo laat Hij ons deelhebben aan het eeuwige leven en geeft ons de kans ons te rechtvaardigen bij het Laatste Oordeel. Dit is een niet te doorgronden mysterie, in ruil voor die vrucht van de Boom des Levens, waarvan de uit de hemel gevallen vijand van de mens, Lucifer, het mensdom wilde beroven.

DE MAAGD MARIA

"Al heeft de Satan Eva verleid en is Adam mét haar gevallen, toch heeft God ons niet alleen een Verlosser geschonken die door zijn dood de dood heeft overwonnen, maar Hij gaf ons ook in de persoon van de Vrouw een niet te overwinnen voorspreekster. Maria, altijd Maagd en Moeder van God, die in zichzelf en in het gehele menselijke geslacht de kop van de slang verpletterde, is een onvermoeibare pleitbezorgster bij haar Zoon en onze God, zelfs voor de meest verharde zondaars. Daarom wordt Zij de 'gesel der demonen' genoemd, omdat het voor de duivel onmogelijk is een mens verloren te laten gaan, die voortdurend zijn toevlucht neemt tot de Theotokos.

VERSCHIL TUSSEN DE WERKING VAN DE HEILIGE GEEST EN DIE VAN DE BOZE

"En nu, vriend van God, moet de arme Serafim u nog uitleggen wat het verschil is tussen het handelen van de Heilige Geest, die op mysterieuze wijze komt wonen in het hart van hen die geloven in onze Heer en Redder Jezus Christus én de duistere werking van de zonde die in ons komt als een dief, op aanstoken van de duivel.

"De Heilige Geest brengt ons voortdurend de woorden van Christus in herinnering met wie Hij samenwerkt als Hij, ernstig en blij, onze schreden richt op de weg van de vrede. Het handelen van de duivelse geest werkt Christus tegen door ons op te wekken tot opstandigheid; hij maakt ons tot slaven van wellust, ijdelheid en hoogmoed.

"Voorwaar, voorwaar. Ik zeg u, hij die in Mij gelooft zal in eeuwigheid niet sterven' (Joh. 6,47). Hij die door zijn geloof in Christus in het bezit is van de Heilige Geest, maar die door menselijke zwakheid zondigt en geestelijk sterft, zal niet voor immer sterven maar hij zal opgewekt worden door de genade van onze Heer Jezus Christus, die de zonden van de wereld op Zich heeft genomen en, om niet, genade op genade geeft.

"Het Evangelie zegt, waar er sprake is van deze genade die aan de gehele wereld en aan de gehele mensheid geopenbaard is in de Godmens: 'In Hem was Leven en het leven was het licht der mensen'. En er wordt aan toegevoegd: 'Het licht schijnt in de duisternis, maar de duisternis nam het niet aan' (Joh. 1,4-5). Dit wil zeggen dat de genade van de Heilige Geest, geschonken bij de Doop in de Naam van de Vader, de Zoon en de Heilige Geest, ondanks het herhaald zondigen en ondanks de duisternis waarin onze ziel zich soms bevindt, toch in ons hart blijft stralen met haar eeuwig, goddelijk licht, ter wille van de onschatbare verdiensten van Christus. Voor een verstokte zondaar roept het licht van Christus tot de Vader: 'Abba, Vader, laat uw toorn niet ontvlammen tegen deze verharding'. En wanneer later de zondaar de weg van het berouw is ingeslagen, zal zij de sporen van de begane misdaden volkomen uitwissen. Opnieuw zal de zondaar bekleed worden met het onbederfelijke gewaad, geweven uit de genade van de Heilige Geest. Het is over het verwerven van die Heilige Geest dat ik u de hele tijd spreek.

DE GENADE VAN DE HEILIGE GEEST IS LICHT

"Om beter te kunnen begrijpen wat men onder de genade van God moet verstaan, moet ik u nog zeggen hoe men haar kan herkennen en hoe zij verschijnt bij de mensen die zij verlicht. De genade van de Heilige Geest is licht.

"Heel de Heilige Schrift spreekt ervan. De voorvader van de Godmens, David, heeft gezegd: 'Uw woord is een lamp voor mijn voeten, een licht op mijn pad' (Ps. 119,105). Met andere woorden: de genade van de Heilige Geest, in de Wet geopenbaard als goddelijke geboden, is mijn lamp en mijn licht. Was het niet deze genade van de Heilige Geest die ik met zoveel moeite tracht te verwerven, terwijl ik zevenmaal daags vraag naar zijn waarheid (Ps. 119,164), hoe zou ik te midden van mijn vele zorgen, aan mijn koninklijke waardigheid eigen, in mij ook maar een sprankeltje licht kunnen vinden om mijn levensweg, die verduisterd werd door de haat van mijn vijanden, te verlichten?

"Inderdaad maakte de Heer menigmaal voor veel getuigen de werking van de genade van de Heilige Geest zichtbaar op mensen die Hij wilde verlichten en onderrichten door grootse openbaringen. Denk aan Mozes na zijn gesprek met God op de berg Sinaï (Ex. 34,30-35). De mensen konden hem niet aankijken, zo straalde zijn gelaat, dat omgeven was door een wonderbaar licht en hij deed een doek voor zijn gezicht vooraleer hij zich vertoonde aan het volk. Denk aan de Transfiguratie van de Heer op de Tabor. 'Hij werd voor hun ogen van gedaante veranderd en zijn kleren werden wit als sneeuw. De leerlingen wierpen zich op hun aangezicht en werden zeer bevreesd'. Toen Mozes en Elia verschenen, gehuld in datzelfde licht, toen 'overschaduwde hen een wolk opdat zij niet totaal verblind zouden worden' (vgl. Mt. 12,1-8; Mc. 9,2-8; Lc. 17,1-8). Zo verscheen de genade van de Heilige Geest als een wonderbaar licht voor hen aan wie God zijn werking wil openbaren".

TEGENWOORDIGHEID VAN DE HEILIGE GEEST

"Maar Vader Serafim", vroeg ik, "hoe kan ik weten of ik in de genade van de Heilige Geest ben?"

"Dat is heel eenvoudig", antwoordde hij, "want God zegt: 'Alles is eenvoudig voor wie de Wijsheid verworven heeft' (Spr. 14,4). Het is ons ongeluk dat wij niet zoeken naar deze goddelijke Wijsheid, die niet verwaand is, omdat zij niet van deze wereld is. Die Wijsheid is vol liefde tot God en de naaste en zij bewerkt de mens tot zijn heil. Sprekend over deze Wijsheid heeft de Heer gezegd: 'God wil dat alle mensen gered worden en tot de Wijsheid van de waarheid komen' (1 Tim. 11,4). Tot zijn apostelen die nog te weinig van deze Wijsheid hadden, zei de Heer: 'Wat hebt gij een gebrek aan Wijsheid! Hebt gij de Schriften niet gelezen?' (Lc. 24,25-27). En het Evangelie vervolgt: 'Hij opende hun verstand opdat zij de Schrift zouden verstaan'. Toen zij deze Wijsheid verworven hadden, wisten de apostelen steeds of de Geest Gods, ja dan neen, met hen was, en vervuld van die Geest bevestigden zij dat hun werk heilig was en aangenaam aan God. Daarom konden zij in hun brieven schrijven: 'Het heeft de Heilige Geest en ons behaagd' (Hand. 15,28) en het is slechts op grond van de overtuiging van zijn voelbare tegenwoordigheid, dat zij hun boodschappen stuurden. Welnu, vriend van God, ziet u dat het heel eenvoudig is?"

Ik antwoordde:

"Maar toch begrijp ik nog niet hoe ik er absoluut zeker van kan zijn dat ik in de Heilige Geest ben. Hoe kan ik in mijzelf zijn tegenwoordigheid ontwaren?"

Vader Serafim antwoordde:

"Ik heb u toch al gezegd dat dit heel eenvoudig is en ik heb u in bijzonderheden uitgelegd hoe mensen van de Heilige Geest vervuld waren en hoe men zijn openbaring in ons moet verstaan. Wat wilt u toch nog meer?"

"Ik zou dat werkelijk goed willen verstaan", antwoordde ik.

HET ONGESCHAPEN LICHT

Toen nam Vader Serafim me stevig bij de schouders en zei:

"Wij beiden, jij en ik, wij zijn in de volheid van de Heilige Geest. Waarom kijk je mij niet aan?"

"Ik kan u niet aankijken, Vader, want bliksems schieten uit uw ogen, uw gelaat is stralender geworden dan de zon en het doet pijn aan mijn ogen".

Vader Serafim antwoordde:

"Vrees niet, vriend van God, want u zijt even lichtend geworden als ik. Ook u zijt nu in de volheid van de Heilige Geest, anders zoudt u mij niet kunnen zien".

Hij boog zijn hoofd naar mij toe en zei zachtjes aan mijn oor:

"Dank God, dat Hij ons deze onuitsprekelijke genade gegeven heeft. Ik heb, zoals u gezien hebt, niet eens een kruisteken gemaakt, maar in mijn hart, enkel in gedachten, heb ik gebeden: 'Heer, geef dat hij duidelijk en met eigen ogen de uitstorting van de Heilige Geest mag zien, zoals Gij u verwaardigd hebt aan uw uitverkoren dienaars te verschijnen in de luister van uw heiligheid!' En op hetzelfde ogenblik heeft God het gebed van de schamele Serafim verhoord. Hoe dankbaar moeten we Hem zijn voor deze buitengewone gave die Hij ons beiden verleent. Het gebeurt niet vaak, zelfs niet bij grote kluizenaars, dat God aldus zijn genade openbaart. Op voorspraak van de Moeder Gods zelf heeft deze genade, als een liefhebbende moeder, uw bedroefde hart getroost, Maar waarom kijkt u me niet in de ogen? Durf mij aan te zien zonder vrees, God is met ons".

Na deze woorden keek ik hem in het gelaat en werd door een nog grotere huiver bevangen. Stel u voor: in het midden van de zon, in de helderste straling van de middagzon, het gelaat van een mens die met u spreekt. U ziet zijn lippen bewegen en de wisselende uitdrukking van zijn ogen, u hoort de klank van zijn stem en voelt de druk van zijn handen op uw schouders, maar terzelfder tijd ziet u noch zijn handen, noch zijn lichaam, noch het uwe, niets dan een verblindend licht dat zich alom verspreidt tot op een afstand van meerdere meters en de sneeuw, die de weiden bedekt en op de grote starets en mijzelf neervalt, verlicht. Kan men zich de situatie voorstellen waarin ik mij bevond?

"Hoe voelt u zich nu?" vroeg Vader Serafim.

"Buitengewoon goed", antwoordde ik.

"Maar wat bedoelt u precies met 'goed'?"

"Mijn ziel is vervuld van stilte en van een onuitsprekelijke vrede".

"Dat is de vrede, broeder, die de Heer zijn leerlingen beloofde toen Hij sprak: 'Ik geef u mijn vrede, niet zoals de wereld haar geeft. Ik geef ze u. Waart gij van deze wereld, de wereld zou u liefhebben. Maar Ik heb u uitverkoren en de wereld haat u. Wees nochtans zonder vrees want Ik heb de wereld overwonnen' (vgl. Joh. 14,27; 15;19; 16,33). Aan deze mensen die God heeft uitgekozen, maar die de wereld haat, geeft God de vrede zoals u haar nu ervaart. Het is de vrede waarvan de Apostel zegt dat ze alle begrip te boven gaat (vgl. Fil. 4,7). De Apostel noemt haar zo omdat geen enkel woord uitdrukking kan geven aan het geestelijk welzijn dat begint te groeien in de harten van de mensen waarin de Heer haar neerlegt. Hijzelf noemt het zijn vrede (Joh. 14,27). Ze is de vrucht van de edelmoedigheid van Christus en niet van de wereld, geen enkel aards geluk kan haar geven. Gezonden vanuit den hoge, door God zelf, is zij de Vrede van God ... Wat voelt u nog meer?"

"Een buitengewone zoetheid".

"Dat is de zoetheid waarvan de Heilige Schrift zegt: 'Zij zullen zich verkwikken met het kostelijkste van uw huis, aan de beek van uw zoetheid zullen zij zich laven' (Ps. 36,9). Vanuit ons overvolle hart vloeit ze over in onze aderen en geeft een gevoel van onuitsprekelijke zoetheid ... Wat voelt u nog meer?"

"Een buitengewone vreugde vervult heel mijn hart".

"Als de Heilige Geest over de mens neerdaalt met de volheid van zijn gaven is de menselijke ziel vervuld van een onbeschrijflijke vreugde, want de Heilige Geest herschept in vreugde alles wat Hij aanraakt. Over deze vreugde spreekt de Heer in het Evangelie als Hij zegt: 'Een vrouw in barensweeën heeft smart omdat haar uur is gekomen, maar wanneer zij haar kind heeft gebaard, dan denkt ze niet meer aan haar pijn vanwege de grootheid van haar vreugde. Ook gij zult moeten lijden in deze wereld, maar Ik zal tot u komen en uw harten zullen zich verblijden en niemand zal u deze vreugde kunnen ontnemen' (Joh. 16,21-22).

"Hoe groot en troostend ze ook is, de vreugde die u nu ervaart is niets vergeleken bij deze waarvan de Heer bij monde van de apostel zegt: 'Geen oog heeft gezien en geen oor heeft gehoord en het is in geen mensenhart opgekomen wat God bereid heeft voor hen die Hem liefhebben' (1 Kor. 2,9). Hij geeft ons nu een voorsmaak van deze opperste vreugde. En als wij nu reeds zoetheid, uitbundige blijdschap en welzijn ervaren, wat dan te zeggen van die andere vreugde, die in de hemel bereid is voor hen die op aarde wenen? U hebt in uw leven genoeg geweend, waardeer nu de vertroosting die de Heer u reeds hier in de vreugde schenkt. Het is nu aan ons, vriend van God, al onze krachten in te zetten om op te stijgen van glorie tot glorie om 'te komen tot de volmaakte Man, tot de gehele omvang van de volheid van Christus' (Ef, 4,13). 'Die op de Heer vertrouwen, vernieuwen hun kracht, slaan hun vleugels uit als de adelaars; ze lopen, maar worden niet moe, ze rennen, maar worden niet mat' (Jes. 40,31). 'Zo gaan zij van hoogte tot hoogte en God zal hen op de Sion verschijnen' (Ps. 84,8). Dan zal onze huidige vreugde, die nog klein en beperkt is, zich in heel haar volheid openbaren en niemand zal ons haar kunnen ontnemen, vervuld als we zijn met onuitsprekelijk hemels geluk... Wat voelt u nog meer, vriend van God?"

"Een buitengewone warmte".

"Hoezo, warmte? Maar we zijn hier toch in het woud, in volle winter? Overal om ons heen ligt sneeuw, we zijn ermee bedekt en de sneeuwvlokken blijven neerdwarrelen... Welke warmte bedoelt u dan?"

"Een warmte die kan vergeleken worden met die van een dampbad".

"En lijkt de geur ook op die in het bad?"

"O neen! Niets op aarde kan met deze geur vergeleken worden. Toen mijn moeder nog leefde, hield ik van dansen en toen ik naar het bal ging, besprenkelde ze mij met parfum dat ze duur had gekocht in de beste winkels van Kazan. De geur ervan was niet te vergelijken met deze die wij nu ervaren".

Vader Serafim glimlacht.

"Ik weet het, vriend van God. Ik ervaar dit alles precies zoals u en het is met opzet dat ik u ondervraag. Inderdaad, geen aards parfum kan vergeleken worden met de goede geur die wij thans inademen, de goede geur van de Heilige Geest. Wat kan op aarde daarmee vergeleken worden? U hebt zo-even gezegd dat het warm was als in een bad. Maar zie, we zijn beiden bedekt met sneeuw en ze smelt niet, evenmin als die onder onze voeten. De warmte is dus niet in de lucht, maar innerlijk, in onszelf. Dat is de warmte waarom de Heilige Geest ons doet vragen in het gebed: 'Dat uw Heilige Geest ons verwarme'. Door deze warmte hadden de kluizenaars, vrouwen zowel als mannen, geen vrees voor de kou van de winter; ze waren om zo te zeggen gekleed in een bontmantel, in een kleed door de Heilige Geest geweven.

"Zo moet het in feite zijn met de goddelijke genade in het diepste van ons innerlijk, in ons hart. De Heer heeft gezegd: 'Het Koninkrijk der hemelen is binnen in u' (Lc. 17,21). Onder dat Koninkrijk der hemelen verstaat Hij de genade van de Heilige Geest. Dat Koninkrijk Gods is nu in ons. De Heilige Geest verlicht en verwarmt ons. Hij vervult de omringende lucht met allerhande geuren, verheugt onze zinnen en doordrenkt onze harten met een onzegbare vreugde. Onze huidige toestand lijkt op die waarover de apostel Paulus zegt: 'Het Koninkrijk Gods hangt niet af van spijs of drank maar is gerechtigheid, vrede en vreugde door de Heilige Geest' (Rom. 14,17). Ons geloof is niet gegrond op woorden van aardse wijsheid maar op de openbaring van de macht van de Geest. Dat is de toestand waarin wij ons op dit ogenblik bevinden en die de Heer op het oog had toen Hij zei: 'Voorwaar, Ik zeg u, enkelen van hen die hier aanwezig zijn, zullen niet sterven voordat zij zien dat het Rijk Gods is gekomen in kracht' (Mc. 9,1).

"Ziedaar, vriend van God, hoe onvergelijkelijk groot de vreugde is die de Heer ons heeft willen verlenen. Ziedaar wat het zeggen wil in 'de volheid van de Heilige Geest' te zijn. Zo verstond het ook de heilige Makarios van Egypte toen hij schreef: 'Ik ben zelf in de volheid van de Heilige Geest'. Klein als we zijn, heeft de Heer ons toch vervuld met de volheid van zijn Geest. Ik denk dat u nu niet meer behoeft te vragen op welke wijze de mens in de genade van de Heilige Geest kan zijn.

"Zult u blijven denken aan wat God in zijn oneindige barmhartigheid aan ons heeft gedaan?"

"Ik weet niet, Vader, of God mij waardig zal maken het mij altijd zo levendig te herinneren als nu".

VERBREIDING VAN DE BOODSCHAP

"Ik voor mij", antwoordde de starets, "geloof integendeel dat God u zal helpen om deze dingen voor altijd in uw geheugen te bewaren, anders was Hij niet zo prompt ingegaan op het gebed van de armzalige Serafim en zou Hij zijn verlangens niet zo vlug verhoord hebben. Te meer omdat het zien van de openbaring van deze genade niet alleen aan u is gegeven, maar door uw bemiddeling aan de gehele wereld. Zo kunt u, zelf bevestigd, anderen van dienst zijn.

MONNIK EN LEEK

"Dat ik monnik ben en u leek doet niets ter zake, bekommer u daar niet om. God zoekt voor alles een hart, vervuld van geloof in Hem en in zijn enige Zoon. Hij beantwoordt dit door de genade van de Heilige Geest. De Heer zoekt een hart dat overvloeit van liefde voor Hem en voor de naaste. Dat is de troon waarop Hij wil zetelen en waar Hij zich in volle heerlijkheid wil openbaren. 'Mijn zoon, geef mij uw hart,' zegt Hij, 'en ik zal u al het overige schenken.' (Spr. 23,26). Het hart van de mens is in staat het Koninkrijk Gods in zich te bevatten. 'Zoekt eerst het Rijk der hemelen en zijn Waarheid', zegt de Heer tot zijn leerlingen, 'en het overige zal u erbij gegeven worden, want God, uw Vader, weet dat u het nodig hebt' (Mt. 6,33).

DE WETTIGHEID VAN AARDSE GOEDEREN

"De Heer verwijt ons niet het genot van de aardse goederen, want Hij zegt zelf dat wij deze goederen in ons aardse bestaan nodig hebben om gemakkelijker en in rust de weg naar ons hemels vaderland te gaan. De apostel Petrus is van mening dat er niets ter wereld beter is dan vroomheid, gepaard aan tevredenheid. De Heilige Kerk bidt dat ons dit gegeven zal worden. Hoewel moeite, tegenspoed en allerlei noden niet te scheiden zijn van ons leven hier op aarde, toch heeft de Heer nooit gewild dat het alleen zou bestaan uit zorgen en ellende. Daarom geeft Hij ons door de Apostel de raad elkanders lasten te dragen om zo te gehoorzamen aan Christus die ons persoonlijk het gebod gaf elkander lief te hebben. Gesterkt door deze liefde zal onze smartelijke gang op het smalle pad naar het hemels vaderland worden verlicht. Is de Heer niet uit de hemel neergedaald, niet om gediend te worden maar om te dienen en zijn leven te geven voor de verlossing van velen? (vgl. Mt. 20,28, Mc. 10,45).

"Doe ook zo, vriend van God, en bewust van de genade die gij zichtbaar ontvangen hebt, moet gij die meedelen aan ieder mens die gered wil worden.

ZENDING

'De oogst is overvloedig', zegt de Heer, 'maar arbeiders zijn er weinig' (Mt. 9,37-38; Lc. 10,2). De Heer heeft ons zijn genade geschonken om daarmee te werken, om de aren te oogsten van het heil van onze naasten; daarmee brengen wij hen binnen in het Koninkrijk Gods opdat ze voor hem vruchten zouden voortbrengen, de één dertig-, de ander zestig, en weer een ander honderdvoudig. Laten we oppassen zelf niet veroordeeld te worden met die luie knecht die zijn talent begraven had. Trachten we daarentegen die goede en trouwe dienstknechten van God na te volgen: de één bracht zijn Meester twee talenten in plaats van vier, en de ander tien talenten in plaats van vijf (vgl. Mt. 25,14-30; Lc. 19,12-27). Aan de barmhartigheid van God mogen we nooit twijfelen: u ziet zelf hoe de woorden van God, uitgesproken door de profeet: 'Ik ben geen verre God (...)' (Jer. 23,23) aan ons vervuld zijn.

MACHT VAN HET GELOOF

Ik, armzalige, kon amper een kruisteken maken, heb amper in mijn hart verlangd dat de Heer ons waardig zou maken zijn barmhartigheid in haar gehele volheid te zien, of Hij haastte zich mijn verlangen te vervullen. Ik zeg dit niet om er mij op te beroemen en ook niet om u te laten zien hoe belangrijk ik ben en u jaloers te maken, of om u te laten denken dat ik verhoord werd omdat ik monnik ben en u slechts een leek, neen, vriend van God, neen! De Heer is nabij voor allen die Hem aanroepen en bij Hem is geen aanzien des persoons. De Vader bemint de Zoon en heeft Hem alles in handen gegeven.

Wij moeten onze hemelse Vader werkelijk liefhebben als zonen. De Heer luistert zowel naar de monnik als naar de leek, de eenvoudige christen, mits zij beiden het ware geloof hebben, God beminnen uit de grond van hun hart met een geloof 'groot als een mosterdzaadje' (Mt. 13,31-32; Mc. 4,30-32; Lc. 13,16-19), dan zullen beiden bergen verzetten (Mc. 11,23). Hoe zou één enkele man duizend op de vlucht jagen, en twee er tienduizend achtervolgen? (Deut. 32,30). De Heer zelf zegt: 'Alles is mogelijk voor hem die gelooft' (Mc. 9,23). En de heilige apostel Paulus roept uit: 'Ik kan alles door Christus die mij versterkt' (Fil. 4,13). Is het niet nog wondervoller dat de Heer Jezus, sprekend over hen die in Hem geloven, zegt: 'Wie in Mij gelooft, zal ook zelf de werken doen die Ik doe. Ja, grotere dan die zal hij doen, omdat Ik naar de Vader ga. En wat gij ook zult vragen in Mijn Naam, Ik zal het doen opdat de Vader moge verheerlijkt worden in de Zoon. Als gij iets zult vragen in mijn Naam, zal Ik het doen' (Joh. 14,12-14). En Ik zal voor u bidden opdat uw vreugde volkomen zij. Tot nu toe hebt gij niets gevraagd in mijn Naam. Vraagt nu en gij zult verkrijgen (Joh. 16,24). Zo is het, vriend van God. Alles wat gij aan God zult vragen zult u bekomen op voorwaarde dat uw gebed strekt tot de glorie van God of tot het heil van uw naaste. Want God maakt geen scheiding tussen het heil van de naaste en zijn eigen eer. Alles wat gij aan een van deze kleinen hebt gedaan, hebt gij aan Mij gedaan (Mt, 10,40; Mc. 9,37; Lc. 9,48). Wees dus zeker dat de Heer uw gebeden zal verhoren, als zij strekken tot stichting en nut van uw naaste. Maar ook wanneer u voor uw eigen nood bidt, als u iets vraagt dat u zelf nodig hebt, dan zal God u zonder twijfel verhoren als het werkelijk nodig is, want Hij bemint degenen die Hem beminnen. God is goed voor iedereen. Zijn barmhartigheid strekt zich ook uit over hen die zijn Naam niet aanroepen. Des te meer vervult Hij de wensen van hen die Hem vrezen. Al hun gebeden zal Hij verhoren omwille van uw rechtzinnig geloof in Christus onze Verlosser, want 'de scepter van de rechtvaardigen zal Hij niet in de handen van de zondaars laten' (Ps. 125,3)[60] en Hij zal zeker de wil van Zijn dienaar David doen. Maar Hij zal wel rekenschap vragen als men Hem zonder dringende redenen om iets vraagt dat men gemakkelijk had kunnen missen.

"Welnu, vriend van God, ik heb u nu alles gezegd en alles laten zien wat de Heer en de Moeder Gods door mij, arme Serafim, aan u wilde laten zien en zeggen. Ga daarom in vrede en de Heer en zijn Heilige Moeder mogen met u zijn, nu en altijd en in de eeuwen der eeuwen. Amen. Ga in vrede".

Zolang het onderhoud duurde, vanaf het ogenblik dat het gelaat van Vader Serafim lichtend werd, was het visioen blijven voortduren en zijn houding bleef onveranderd zolang hij sprak, vanaf het begin tot het einde van dit verhaal.

De onuitsprekelijke glans van het licht dat hij uitstraalde, heb ik met eigen ogen gezien en ik ben bereid dit onder ede te bevestigen.

---

[60] De hierboven aangehaalde Schriftreferenties waren vaak moeilijk vast te leggen. De heilige Serafim, wiens geest 'ondergedompeld' was in de Heilige Schrift (zoals, volgens zijn eigen zeggen, de geest van ieder mens zou moeten zijn), citeerde ze uit het geheugen en de vertaling van het Slavisch dat hij gebruikte, komt niet altijd overeen met de gangbare vertaling.

NOOT VAN SERGIUS NILUS

De schrijver aan wie de weduwe van Motovilov het manuscript van haar man tweeënzeventig jaar later toevertrouwde.

Hier eindigt het manuscript van Motovilov. Het is niet aan mij het belang van dit geschrift, dat overigens geen commentaar nodig heeft, te verspreiden of te onderstrepen, daar het voor zichzelf getuigt met een kracht die geen aardse woordenvloed kan aantasten.

Maar men had moeten zien in welke toestand de papieren van Motovilov, die deze schat bevatten, mij werden overgemaakt! Overdekt met stof, met veren van duiven en spreeuwen en met vogeldrek, waren ze vermengd met facturen, onbelangrijke aantekeningen van een landbouwboekhouding, kopieën van administratieve aanvragen en persoonlijke brieven, in een stapel zonder onder- of bovenkant. Het geheel woog ongeveer veertig kilogram. De papieren waren in zeer slechte staat, beschreven met een zo slordig en onleesbaar handschrift, dat ik er ontzet van was. Hoe zou ik daar iets van begrijpen?

Toen ik probeerde mij in deze chaos te oriënteren, ontmoette ik zoveel moeilijkheden dat ik bijna wanhoopte. Vooral het handschrift was voor mij een steen des aanstoots. Maar af en toe schitterde in die rommel als een vonkje een gedeeltelijk ontcijferde zin: "Vader Serafim zei me…" Wat zei hij? Wat verborgen deze onverstaanbare hiërogliefen? Het bedroefde me diep.

Ik herinner mij dat op een avond, na een dag van verwoede maar vruchteloze arbeid, ik niet meer kon en uitriep: "Vader Serafim, is het mogelijk dat u mij vanuit een verloren hoek als Divejevo de manuscripten van uw 'kleine dienaar' (Motovilov) in handen hebt laten komen om ze, onontcijferd, opnieuw aan de vergetelheid prijs te geven?" De aanroeping steeg op uit de grond van mijn hart. De volgende dag begon ik de papieren te sorteren en onmiddellijk kreeg ik dit manuscript in handen en ontving ik terzelfder tijd het vermogen om het handschrift van Motovilov te lezen.

Men kan zich gemakkelijk mijn vreugde voorstellen en hoe ik getroffen werd door de volgende woorden van de starets die ik lezen kon:

"Ik voor mij", antwoordde de starets, "geloof integendeel dat God u zal helpen om deze dingen voor altijd in uw geheugen te bewaren, anders was Hij niet zo prompt ingegaan op het gebed van de armzalige Serafim en zou Hij zijn verlangens niet zo vlug verhoord hebben. Te meer omdat het zien van de openbaring van deze genade niet alleen aan u is gegeven maar door uw bemiddeling aan de gehele wereld".

Gedurende zeventig lange jaren bleef deze schat begraven op een zolder tussen een vreemdsoortige verzameling van oude paperassen, en plotseling zal hij het licht zien! Wanneer? Op de vooravond van de zaligverklaring van hem tot wie de Orthodoxe Kerk zich reeds begint te richten met de woorden:

"Vader Serafim., bid God voor ons!"

19 mei 1903

DERDE DEEL:
GEESTELIJKE ONDERRICHTINGEN

INLEIDING

De starets heeft bijna niets geschreven, hij was vooral een lévend symbool. Niettemin zijn er van hem toch enkele 'Geestelijke Onderrichtingen' bewaard gebleven. Aanvankelijk ingesloten bij het manuscript van een biografie uit 1837 door een priester-monnik van Sarov, Sergius geheten, werden ze pas twee jaar later gedrukt als appendix van een werkje getiteld: 'Kort overzicht van het leven van een starets uit de Woestijn van Sarov, Marcus, monnik en kluizenaar'. (Deze Marcus was een van de twee kluizenaars, tijdgenoten van Vader Serafim, die tegelijkertijd in het woud van Sarov leefde). Wat de biografie van de Heilige in de strikte zin van het woord betreft, deze 'kreeg pas in 1841, acht jaar na zijn dood en na talloze pogingen van de metropoliet van Moskou, Filaretos, het imprimatur van de heilige Synode.

Het was dezelfde prelaat die, na de Geestelijke Onderrichtingen herzien te hebben, in zijn verlangen om het verschijnen ervan te verhaasten, een brief had geschreven aan zijn vicaris en vriend, de archimandriet Antonios, abt van de Laura-van-de-Drievuldigheid-Sint-Sergius.

"Ik zend u, Vader Vicaris, hierbij de Geestelijke Onderrichtingen van Vader Serafim, die door mij herzien zijn. Ik ben zo vrij geweest zekere uitdrukkingen te veranderen en aan te vullen, deels om ze grammaticaal te verbeteren, deels ook opdat sommige gedachten, die niet duidelijk genoeg of op een ongebruikelijke wijze waren uitgedrukt, niet verkeerd begrepen zouden worden. Oordeel nu zelf en zeg mij of ik mag aannemen in niets de gedachten van de starets te hebben misvormd".

Het is ons helaas onmogelijk een vergelijking te maken, omdat het origineel verloren is gegaan. Dat is spijtig. De bedoeling van de grote metropoliet was in ieder geval goed. De heilige Synode zou waarschijnlijk het imprimatur niet verleend hebben aan de 'Onderrichtingen' zoals ze door Batioesjka Serafim waren neergeschreven.

In het boek van de priester-monnik Sergius (vierde uitgave, Moskou, 1856) staan drieëndertig Onderrichtingen, maar een biografie van de heilige, samengesteld door N. Levtisky en in 1905 te Moskou uitgegeven door het klooster van de heilige Panteleimon van de Athos, citeert er zesendertig.

We hebben deze teksten enigszins ingekort. Om herhalingen te vermijden, hebben we naar voorafgaande hoofdstukken uit het werk verwezen waar gelijkaardige ideeën reeds werden uiteengezet. Daarentegen hebben we op enkele plaatsen de 'Onderrichtingen' aangevuld met gedachten van de starets die elders worden aangetroffen, vooral in de hoofdstukken XVI en XVII van het boek van N. Levitsky (pp. 166-199).

Aan het grote aantal Bijbelcitaten ziet men wel dat de geest van de sstarets werkelijk 'zwom', een uitdrukking die hem dierbaar was, in de Heilige Schrift. De nummering van de psalmen is volgens de Griekse Bijbel die door de heilige Serafim gevolgd werd, maar de vertaling ervan is volgens de gangbare Nederlandse vertalingen, op enkele uitzonderingen na, die we dan ook vermelden.

GOD

God is een verwarmend vuur, dat harten en nieren verwarmt. Als wij in onze harten de koude voelen die van de duivel komt–de duivel is nu eenmaal koud–laten we dan hulp zoeken bij de Heer en Hij zal ons hart komen verwarmen met een volmaakte liefde, niet alleen voor Hem maar ook voor onze naaste. En de duivelse kou zal vluchten voor zijn Aanschijn.

Waar God is, daar is geen enkel kwaad ...

God toont ons zijn liefde voor het menselijk geslacht niet alleen als wij het goede doen, maar ook als wij Hem beledigen en zijn toorn verdienen ...

"Zeg niet dat God rechtvaardig is", leert de heilige Isaak (de Syriër) (...) "David noemde Hem 'rechtvaardig', maar zijn Zoon heeft ons getoond dat Hij veeleer goed en barmhartig is. Waar is zijn rechtvaardigheid? Wij waren zondaars en Christus is voor ons gestorven" (Hom. 90).

OORZAKEN VAN CHRISTUS' KOMST IN DEZE WERELD

1. De liefde van God voor het menselijk geslacht. "Ja, God heeft de wereld zozeer bemind, dat Hij zijn enige Zoon heeft gegeven opdat iedere mens die in Hem gelooft, niet verloren zal gaan, maar het eeuwig leven zal hebben" (Joh. 3,16).
2. Het herstel van het goddelijk beeld en zijn gelijkenis eraan in de gevallen mens, zoals de Kerk zingt (Eerste Canon van Kerstmis, zang 1).
3. Het heil van de zielen. "Want God heeft zijn Zoon niet gezonden in de wereld om de wereld te veroordelen, maar om de wereld te redden door Hem" (Joh. 3,17).

OVER HET GELOOF

Vóór alles moet men geloven in God, "want Hij bestaat en beloont allen die Hem zoeken" (Heb. 11,6). Het geloof is volgens de heilige Antiochus het begin van onze vereniging met God. "Het geloof zonder de werken is dood" (Jak. 2,26). De werken van het geloof zijn: liefde, vrede, lankmoedigheid, barmhartigheid, nederigheid, het dragen van zijn kruis, het leven volgens de Heilige Geest. Alleen zo'n geloof heeft waarde. Geen waar geloof zonder werken.

OVER DE HOOP

Allen die oprecht hopen op God worden naar Hem opgeheven en verlicht door de helderheid van het eeuwige licht. Als de mens zijn eigen zaken in de steek laat uit liefde tot God en om goed te doen, wetend dat God hem niet zal verlaten, dan is zijn hoop wijs en waar. Maar als de mens zichzelf met zijn zaken bezighoudt en zich enkel tot God richt wanneer hem een ongeluk overkomt en hij ziet dat hij er met eigen kracht niet tegen opgewassen is, zo'n hoop is denkbeeldig en ijdel. De ware hoop zoekt vóór alles het Rijk Gods, overtuigd dat alles wat voor het leven hierbeneden nodig is, als toegift wordt geschonken. Het hart kan geen vrede kennen vooraleer het deze hoop verworven heeft.

OVER DE LIEFDE TOT GOD

Hij die tot de volmaakte liefde tot God is gekomen, leeft in deze wereld als leefde hij er niet. Hij beschouwt zichzelf als vreemdeling ten opzichte van wat hij ziet, geduldig wachtend op het onzichtbare (...) Tot God getrokken wenst hij slechts Hem te aanschouwen ...

TEGEN DE NUTTELOZE ONRUST

Het is eigen aan de kleinmoedige en kleingelovige mens dat hij zich te veel zorgen maakt om de zaken van deze wereld (...) Als wij de goederen van deze wereld waarvan wij genieten niet toeschrijven aan God, hoe zouden wij dan van Hem de beloofde goederen van de andere wereld kunnen verwachten? Zoeken we liever "het Koninkrijk Gods en zijn heiligheid en al het andere zal ons als toegift geschonken worden" (Mt. 6,33).

Het is beter dat wij datgene verachten wat niet van ons is, namelijk wat tijdelijk en voorbijgaand is, en alleen verlangen wat van ons is, namelijk het onbederfelijke en het onsterfelijke. Dan zijn we pas waardig God te aanschouwen van aanschijn tot aanschijn, zoals de apostelen bij de goddelijke Gedaanteverandering. Gelijkend op hemelse geesten zullen wij een vereniging met God kennen die alle verstand te boven gaat, want "wij zullen aan de engelen gelijk zijn, en als zonen der verrijzenis ook zonen Gods zijn" (Lc. 20,36).

OVER DE ZORG VOOR DE ZIEL

Het lichaam van de mens gelijkt op een kaars. De kaars moet opbranden, de mens moet sterven. Maar de ziel is onsterfelijk en daarom moeten we meer zorg hebben voor onze ziel dan voor ons lichaam. "Wat baat het de mens zo hij de hele wereld wint maar schade lijdt aan zijn ziel? Wat zal een mens kunnen geven in ruil voor zijn leven?" (Mc. 8,36; Mt. 16,26).

"Wij weten dat de ziel kostbaarder is dan alles", zegt Makarios de Grote, "want God heeft zich met geen ander schepsel willen verenigen dan met de mens, die Hij boven elk ander schepsel bemint" (Makarios de Grote, Homilie over de vrijheid en het verstand, hoofdstuk 32). Wij moeten dus vóór alles zorg hebben voor onze ziel en slechts het lichaam versterken in de mate dat dit bijdraagt tot de versterking van de geest.

WAARVAN MOET MEN DE ZIEL VOORZIEN?

Met het Woord van God, want het Woord Gods is, zoals Gregorius de Theoloog het zegt, "het brood van de engelen, waarmee de zielen zich voeden die hongerig zijn naar God".

De ziel moet ook voorzien worden met kennis aangaande de Kerk: hoezeer zij, vanaf het begin tot op onze dagen, beschermd werd en wat zij te doorstaan had. Dit dient men te weten, niet met de bedoeling de mensen te beheersen, maar voor het geval wij op vragen moeten antwoorden. Vooral echter moet men het doen voor zichzelf om de zielevrede te verkrijgen, zoals de psalmist zegt: "Vrede aan hen die uw voorschriften beminnen, Heer" en ook: "Grote vrede voor allen die uw Wet liefhebben" (Ps. 118,105).

OVER DE VREDE VAN DE ZIEL[61]

Niets gaat boven de vrede in Christus, waardoor de aanvallen van de geesten uit de lucht en van de aarde vernietigd worden. Niet tegen aanvallers van vlees en bloed hebben wij te strijden, maar tegen de machten en krachten van de wereld der duisternis, tegen de geesten van het kwaad in de lucht (Ef. 6,12).

Een redelijk mens richt zijn geest naar het inwendige en doet hem neerdalen in zijn hart. Dan zal de genade Gods hem verlichten en hij zal in een toestand van vrede, van volkomen vrede zijn: vredig, want zijn geweten is in vrede, volkomen vredig, want hij beschouwt in zichzelf de genade van de Heilige Geest…

....

[61] We raken hier het hart van het onderricht van de starets, dat in twee stellingen kan worden samengevat:
1. Het doel van het christelijk leven is het verwerven van de Heilige Geest.
2. Tracht de inwendige vrede te verkrijgen en duizenden zielen zullen bij u het Heil vinden.
Alles is ondergeschikt aan het verkrijgen van deze; de afwezigheid van hartstochten, de vergiffenis der onze naaste, en vooral de innerlijke stilte.
Bemerk hoe vaak het woord 'vrede' in deze Geestelijke Onderrichtingen terugkeert.

Worden we niet blij als we niet met de ogen van ons lichaam de zon zien? Hoeveel groter zal onze vreugde zijn als onze geest met het innerlijk oog Christus, de Zon der gerechtigheid, ziet! Dan delen we in de vreugde van de engelen. De apostel heeft daarover gezegd: "Wat ons betreft, onze woning is in de hemel" (Fil. 3,20).

Wie in vrede wandelt, verzamelt de genadegaven als met een lepel.

De Vaders leefden in vrede en in de genade Gods en zij werden oud.

Als een mens de vrede verwerft kan hij het licht dat zijn geest verlicht op anderen overdragen (...) Maar hij moet zich wel de woorden van de Heer herinneren: "Huichelaar? trek eerst de balk uit uw eigen oog en dan zult u zien hoe u de splinter uit het oog van uw broeder kunt verwijderen" (Mt. 7,5).

Die vrede heeft onze Heer Jezus Christus vóór zijn dood aan zijn leerlingen nagelaten als een onschatbaar kleinood, zeggend: "Mijn vrede laat Ik u, mijn vrede geef Ik u" (Joh. 14,27). Ook de apostel spreekt daarover met deze woorden: "En de vrede van God die alle begrip te boven gaat, zal uw harten en zinnen bewaren in Christus Jezus onze Heer" (Fil. 4,7).

Als de mens de goederen van deze wereld niet veracht, kan hij de vrede niet bezitten.

Door tegenslagen verwerft men de vrede. Hij die aan God wil behagen, moet veel beproevingen doorstaan.

Niets bevordert meer de inwendige vrede dan de stilte en zo mogelijk het ononderbroken gesprek met zichzelf doch zelden met anderen.

We moeten dus onze gedachten, onze verlangens en onze daden concentreren op het verkrijgen van de vrede Gods en zonder ophouden met de Kerk bidden: "Heer! Geef ons de vrede!"[62]

....

[62] Gedurende de Liturgie herhaalt de Kerk door de stem van de priester onvermoeibaar; "Vrede aan allen!".

HOE DE ZIELEVREDE BEWAREN?

Met al onze krachten moeten wij er ons op toeleggen de vrede van de ziel te beschermen en nooit verontwaardigd te zijn als anderen ons beledigen. We moeten ons onthouden van elke vorm van toorn, maar verstand en hart behoeden voor elke ondoordachte gemoedsbeweging.

Gregorius de Wonderdoener gaf ons een voorbeeld van gematigdheid. Op een openbare plaats werd hij aangesproken door een vrouw van slechte zeden, die hem vroeg de prijs te betalen voor het overspel dat hij, zogezegd, met haar zou bedreven hebben. In plaats van zich boos te maken zei hij rustig tot zijn vriend: "Geef haar wat ze vraagt". Toen ze het geld aannam werd ze door een duivel neergeslagen, maar de heilige verjoeg hem door zijn gebed (Menoloog, 17 november. Leven van de heilige Gregorius).

Als het onmogelijk is om niet verontwaardigd te zijn dan moeten we minstens onze tong beheersen.

Om de vrede te bewaren moet men de zwaarmoedigheid verjagen en trachten blij van geest te zijn ...

Het is moeilijk zich niet te laten ontmoedigen wanneer men voor zichzelf niet kan zorgen. Maar dit betreft de zwakke zielen.

Om de inwendige vrede te bewaren, moet men vermijden over anderen te oordelen.

Men moet in zichzelf keren en zich afvragen: "Waar ben ik?"

Men moet vermijden dat onze zintuigen, vooral het gezicht, ons afleiden, want de gaven van de genade behoren slechts aan degenen die bidden en zorg hebben voor hun ziel.

OVER HET BEWAKEN VAN HET HART

We moeten ons hart behoeden voor onbetamelijke gedachten en indrukken. "Waak over uw hart, meer dan over wat ook, want uit het hart ontspringen de bronnen des levens" (Spr. 4,23). Zo wordt ook in het hart de zuiverheid geboren. "Zalig de zuiveren van hart want zij zullen God zien" (Mt. 5,8).

Wat er aan goeds in het hart is binnengegaan, moeten wij niet onnodig naar buiten brengen, want wat we vergaard hebben, is nog niet veilig voor zichtbare en onzichtbare vijanden, tenzij we het bewaren als een schat in het diepst van ons hart.

Door het goddelijk vuur verwarmd, borrelt het levend water op in ons hart. Wordt dit naar buiten uitgegoten, dan verkilt het hart en de mens is als bevroren.

OVER DE BEKORINGEN

We moeten ons vrijmaken van alle onzuivere gedachten, vooral als we tot God bidden, om de stank niet te vermengen met de reukwerken.

Onmiddellijk moeten we de verlokkende gedachten van ons wegwerpen en vooral opletten voor gulzigheid, gierigheid en ijdelheid ...

Als wij ons verzetten tegen wat de duivel ons influistert, doen wij goed.

Alleen de hartstochten kunnen door de duivel beïnvloed worden. Die zich van hun hartstochten gezuiverd hebben, kan hij enkel van buitenaf benaderen.

Zou de mens in zijn jeugd kunnen vermijden verontrust te worden door vleselijke bekoringen? Hij moet de Heer bidden dat de vonk van de ondeugd vanaf het begin gedoofd zou worden ...

OVER HET ONDERSCHEID VAN DE GEESTEN

Als de mens in zijn hart iets goddelijks ontvangt, verheugt hij zich; is het daarentegen iets van de duivel, dan raakt hij in de war.

OVER HET BEROUW

Wie het heil verlangt, moet rouwmoedig en berouwvol van hart zijn: "Een vermorzeld gemoed is een offer voor God. Een verbrijzeld en nederig hart zult Gij, o God, niet versmaden" (Ps. 51,19).

Met een rouwmoedige geest kan de mens rustig de hinderlagen van de duivel trotseren, want deze streeft ernaar de geest in verwarring te brengen en er onkruid te zaaien, naar het woord van het Evangelie: "Meester, hebt u geen goed zaad op uw akker gezaaid? Waar komt dan het onkruid vandaan?" (Mt. 13,27-28). Maar als de mens nederig van hart blijft en vredelievend in zijn gedachten, dan blijven alle aanvallen van de duivel zonder uitwerking.

Het berouw begint met de vrees voor God, aldus de martelaar Bonifatius (Menoloog, 19 december). Uit die vrees wordt de aandacht geboren die de moeder is van de innerlijke vrede en van het geweten. Deze aandacht stelt de ziel in staat haar eigen lelijkheid te zien als in een zuiver en onberoerd water ...

Ons leven lang beledigen wij Gods Majesteit. We moeten ons dus voor Hem vernederen en Hem vergiffenis vragen voor onze fouten.

Kan een mens die de genade verloren heeft haar nog terugkrijgen? Zeker.

Een voorbeeld. Er was eens een kluizenaar die water kwam putten aan de bron en daar een vrouw ontmoette met wie hij een zonde beging. Terug in zijn kluis gaf hij zich rekenschap van de bedreven fout. Toch bleef hij leven als asceet ondanks de suggesties van de Boze, die hem van zijn weg wilde afbrengen onder voorwendsel dat hij gezondigd had. God bracht het geval ter kennis aan een oudere en gaf hem de opdracht de jonge monnik te gaan prijzen om zijn overwinning op de duivel.

SERAFIM VAN SAROV

Wanneer wij ernstig berouw hebben over onze zonden en ons van ganser harte keren naar onze Heer Jezus Christus, dan verheugt Hij zich en nodigt Hij alle bevriende geesten uit op het feest om hen de teruggevonden drachme te tonen.

Aarzelen we dus niet om ons te wenden tot onze barmhartige Heer, zonder ons aan zorgeloosheid of wanhoop over te geven. De wanhoop is de grootste vreugde voor de duivel. Dat is de dodelijke zonde waarvan de Heilige Schrift spreekt (1 Joh. 5,16).

Het berouw bestaat onder andere in niet terug te vallen in dezelfde zonde.

OVER HET GEBED

Wie besloten heeft om waarlijk God te dienen, moet zich oefenen om voortdurend Zijn herinnering in het hart te bewaren en zonder ophouden tot Jezus Christus te bidden en innerlijk te herhalen: "Heer Jezus Christus, Zoon van God, wees mij zondaar genadig".

Door zo te handelen, door zich te hoeden voor verstrooiingen en zijn geweten in vrede te bewaren, kan men nader komen tot God en zich met Hem verenigen. "Want", zo zegt Isaak de Syriër, "om nader te komen tot God bestaat geen ander middel dan het ononderbroken gebed" (Hom. 69).

Het is goed om in de kerk de ogen gesloten te houden om verstrooiingen te vermijden. Men kan ze openen als men slaperig wordt, dan moet men zijn blik richten op een icoon of op een brandende kaars ervoor.

Als tijdens het gebed onze geest toch afdwaalt., dan vernedere men zich voor God en vrage men om vergeving (...). "Want", zo zegt de heilige Makarios, "de vijand is erop uit onze gedachten van God af te keren, van Zijn vrees en van Zijn liefde" (Hom. 2, hoofdstuk 15).

Wanneer het verstand en het hart verenigd zijn in het gebed en de ziel door niets wordt verstoord, dan vult het hart zich met geestelijke warmte en het licht van Christus overstroomt heel het innerlijke van de mens met vrede en vreugde.

OVER HET LICHT VAN CHRISTUS

Om in zijn hart het licht van Christus te ontvangen, moet men zich zoveel mogelijk onthechten van alle zichtbare dingen. Na eerst de ziel gezuiverd te hebben door berouw en goede werken, vol geloof in de gekruisigde Christus, onze lichamelijke ogen geloken, dringen we met onze geest door tot in ons hart om de Naam van onze Heer Jezus Christus uit te roepen. In de mate van zijn ijver en vurigheid voor de Welbeminde, zal de mens dan in de aangeroepen Naam troost en zoetheid vinden en dit wekt in hem het verlangen naar diepere kennis.

Als de Geest zich door deze oefeningen in het hart geworteld heeft, begint het licht van Christus inwendig te schitteren en met zijn goddelijke klaarheid de ziel te verlichten, zoals de profeet Maleachi zegt: "Maar voor u die mijn Naam vreest, zal de zon der gerechtigheid opgaan, die genezing in haar wieken draagt" (Mal. 3,20). Dit licht is ook het leven, volgens het woord uit het Evangelie: "Hij was het leven en het leven was het licht der mensen" (Joh. 1,4).

Als de mens in zichzelf dit eeuwig licht beschouwt, vergeet hij al wat vleselijk is, vergeet ook zichzelf en zou hij zich willen verbergen in het diepste van de aarde om niet beroofd te worden van dit enige goed: God!

OVER DE AANDACHT

Hij die de weg van de aandacht gaat, mag niet alleen vertrouwen op zijn eigen inzichten maar moet zich richten naar de Schriften en de bewegingen van zijn hart en zijn leven vergelijken met het leven en de activiteiten van de asceten die hem zijn voorgegaan. Zo is het gemakkelijker zich te hoeden voor de Boze en de waarheid helder te zien.

De geest van een aandachtig mens kan vergeleken worden met een schildwacht, die waakt over het innerlijke Jeruzalem. Aan zijn aandacht ontsnapt, noch "de duivel die rondgaat als een brullende leeuw, zoekend wie hij zal verslinden" (1 Petr. 5,9) noch hen "die pijlen zetten op de pees om in het verborgene onschuldigen te treffen" (Ps. 10,2). Hij volgt het onderricht van de apostel Paulus die gezegd heeft: "Grijp daarom naar de wapenrusting Gods, om weerstand te kunnen bieden op de kwade dagen" (Ef. 6,13).

Wie deze weg volgt, moet geen aandacht besteden aan geruchten die de ronde doen, noch zich inlaten met andermans zaken (...) maar de Heer bidden: "Zuiver mij van mijn verborgen kwaad" (Ps. 18,13).

"Treed binnen in jezelf", zei de starets, Isaak de Syriër parafraserend, "en zie welke hartstochten in jou zijn afgezwakt, welke door de genezing van je ziel tot zwijgen zijn gekomen, welke vernietigd zijn en je totaal verlaten hebben. Zie toe of er gezond en levend vlees begint te groeien in je etterende ziel, dat levend vlees is de innerlijke vrede! Zie ook welke hartstochten, lichamelijke zowel als geestelijke, er nog overblijven. Hoe reageert je verstand daarop? Gaat het een strijd aan met die passies? Of doet het alsof het die niet ziet? Zijn er geen nieuwe hartstochten bijgekomen? Als je zo aandachtig bent, kun je de gezondheidsgraad van je ziel kennen".

De mens moet vooral waakzaam zijn bij het begin en tegen het einde van zijn leven; de tussentijd, met wat die aan geluk of ongeluk inhoudt, komt er minder op aan.

OVER DE VREZE GODS

De mens die begonnen is de weg van de innerlijke aandacht te gaan, moet vóór alles de vreze Gods bezitten, want dit is het begin van de wijsheid volgens het woord van de psalmist: "Dient de Heer met vreze, verheugt u in Hem met beven" (Ps. 2,11).[63]

Men moet deze weg volgen met voorzichtigheid en eerbied voor het heilige. "Vervloekt wie het werk van Jahweh ten halve volbrengt" (Jer. 43,10).

Hij die God vreest, doet alles goed uit liefde voor Hem.

Wat de duivel betreft, men moet hem niet vrezen: wie God vreest zal tenslotte de duivel overwinnen en tegenover Hem is de duivel machteloos.

Er zijn twee soorten van vrees: als je geen kwaad wil doen, vrees God en doe het niet; als je het goede wil doen, vrees God en doe het.

Een mens kan de vreze Gods niet verwerven vooraleer hij zich van de zorgen van deze wereld ontdoet. Vrij van zorgen wordt de geest door de vreze Gods gedreven naar de liefde voor Zijn barmhartigheid.

OVER DE ONTHECHTING VAN DE WERELD

De vreze Gods wordt verkregen als de mens zich heeft afgekeerd van de wereld en al wat daar in is, als hij zijn gedachten

---

[63] Slavische vertaling. De KBS-vertaling heeft: "Dient de Heer met ontzag, betoont uw vreugd met vervaren"

en gevoelens richt op de goddelijke Wet en zich geheel verdiept in de beschouwing van God in de verwachting van de gelukzaligheid die aan de heiligen beloofd is...

OVER HET ACTIEVE EN HET CONTEMPLATIEVE LEVEN

Omdat de mens bestaat uit lichaam en ziel is hij geroepen een dubbele weg te volgen, die van de actie en die van de contemplatie.

De actieve weg omvat: het vasten, de onthouding, de nachtwaken, de kniebuigingen, het gebed, "maar eng is de poort en smal is de weg die ten leven voert en weinigen zijn er die hem vinden" (Mt. 7,14).

De contemplatieve weg bestaat in de verheffing van de geest tot God, in de innerlijke aandacht en het zuivere gebed, en door deze oefeningen in de beschouwing van de geestelijke dingen.

Wie het contemplatieve leven verlangt, moet beginnen met het actieve leven... Want het is onmogelijk het contemplatieve leven te bereiken zonder door het actieve leven heen te gaan.

Het actieve leven dient om ons te zuiveren van onze zondige hartstochten, want alleen de zuiveren kunnen zich op de weg van de contemplatie begeven. Gregorius de Theoloog zegt: "De contemplatie is enkel zonder gevaar voor hen die volkomen ervaren zijn" (Hom. over Pasen).

Het contemplatieve leven moet men met vrees en beven benaderen, met een berouwvol hart, na gedurende lange tijd de Heilige Schrift te hebben geraadpleegd en bij voorkeur onder leiding van een ingewijde starets en niet vermetel en met een grillige eigenwil.[64]

....

[64] Het opgeven van de eigenwil is van het grootste belang, vooral voor de monnik. "Heb je hem opgegeven voor één zaak, maar behouden voor een

Het actieve leven moet men nooit opgeven, zelfs niet als men daar doorheen tot het contemplatieve leven is overgegaan, want het vormt een steun voor het contemplatieve leven en draagt bij tot zijn verhevenheid.

OVER DE EENZAAMHEID EN DE STILTE | OVER DE VEELHEID VAN WOORDEN | OVER DE INNERLIJKE STILTE

Cf. Eerste deel, pp. 47-50.
OVER HET VASTEN
Cf. Eerste deel. pp. 41-42.

OVER DE ASCETISCHE HELDENDADEN

Men moet nooit overdrijven, maar onze vriend, het lichaam, de gelegenheid geven om trouw te blijven en mee te werken aan de ontwikkeling van de deugden.

De middenweg is de beste ... We moeten aan de geest geven wat geestelijk is en aan het lichaam wat nodig is. Bovendien mogen we aan het sociale leven niet weigeren wat het wettig van ons mag eisen: "Geef aan de keizer wat aan de keizer en aan God wat God toekomt" (Mt. 22,21).

Aan een jonge novice die hem toestemming vroeg om een boetekleed en kettingen te dragen, antwoordde de starets lachend: "Wat wil je dat ik je zeg? Moest een baby mij zoiets komen vragen, wat zou ik hem antwoorden? Een mens die eet en drinkt zoveel hij wil en zijn slaap uitslaapt, die de minste aanmerking van zijn overste niet kan verdragen zonder

---

andere, dan wil dat zeggen dat je die eigenwil hebt bewaard, al dacht je ook die te hebben opgegeven", zegt starets Serafim.

ontmoedigd te worden, is zo iemand rijp om kettingen en een boetekleed te dragen?"

Men moet geduld hebben met zichzelf en zijn eigen gebreken verdragen zoals men die van zijn naaste verdraagt. Men mag zich echter niet aan luiheid overgeven, maar men moet zich voortdurend inspannen om beter te doen.

Als we te veel gegeten hebben of uit menselijke zwakheid iets verkeerds hebben gedaan, moeten we niet verontwaardigd zijn, anders voegen we het ene kwaad bij het andere, maar leggen wij er ons moedig op toe, met behoud van de innerlijke vrede, om ons weer op te richten. De deugd is niet een peer die men in één hap naar binnen kan werken.

Niet iedereen is in staat zich aan een strenge regel te onderwerpen en zich te ontdoen van alles wat zijn kwalen kan verlichten. Dwaas is hij, die vrijwillig zijn lichaam verzwakt, zelfs al is het met de bedoeling om tot de volmaaktheid te komen.

Onderneem niets boven je krachten, anders zul je vallen en de vijand zal je bespotten.

Sommigen hebben veel verzameld in hun jeugd, maar midden in hun leven kunnen ze geen weerstand bieden aan de bekoringen van de duivel (in het bijzonder aan de wellust) en ze hebben alles verloren.

Eenieder moet aandacht hebben voor de maat van zijn eigen mogelijkheden.

Alle vooruitgang moeten wij toeschrijven aan God en met de psalmist herhalen: "Niet aan ons, Heer, niet aan ons, maar geef eer aan uw Naam" (Ps. 113,9).[65]

....

[65] In de K8S-vertaling: Ps. 115,1.

OVER DE WEERSTAND TEGEN DE BEKORINGEN

Men moet altijd op zijn hoede zijn voor de aanvallen van de duivel. Hoe zouden wij kunnen hopen dat hij ons met rust laat als hij de Meester zelf, onze Heer Jezus Christus, heeft durven bekoren? Men moet altijd tot God roepen en Hem nederig bidden dat de bekoring niet boven onze krachten zou gaan en dat Hij ons bevrijde van de Boze.

Als God de mens aan zichzelf overlaat, staat de duivel klaar om hem tot stof te pletten, zoals een molensteen het graan.

OVER DE DROEFHEID, DE VERVELING EN DE WANHOOP

De geest van droefheid gaat bij de monnik gepaard met de verveling. "Deze verveling", hebben de Vaders opgemerkt, "maakt zich van de monnik meester rond de middag en brengt hem in een zodanige staat van onrust dat hij noch zijn woning, noch de broeders die hem omringen, kan verdragen. Ze geeft hem een tegenzin voor lezing, een zucht om te geeuwen en te eten. Heeft hij zijn buik vol dan geeft de duivel der verveling hem in, zijn cel te verlaten om met iemand een praatje te beginnen, alsof het gesprek het enige middel zou zijn om van de verveling af te komen. Als de duivel er niet in slaagt de monnik zijn cel te doen verlaten, tracht hij hem tijdens zijn lezing en zijn gebed af te leiden. Hij suggereert hem dat het ene ding niet op zijn juiste plaats staat en dat een ander beter verplaatst kan worden. De bedoeling van deze verstrooiingen is de geest werkeloos en onvruchtbaar te maken".

Naast de verveling is er ook nog de ontmoediging. Het komt voor dat de mens in deze geestestoestand er de voorkeur aan geeft zichzelf te vernietigen of van alle kennis beroofd te worden, liever dan in die vage foltering te moeten blijven. Men moet daar zo spoedig mogelijk zien uit te komen. Hoed je voor de geest van ontmoediging want daaruit wordt alle kwaad geboren.

Om de inwendige vrede te bewaren, moet men dus de droefheid ontvluchten en steeds de geest in vreugde trachten te bewaren, "want", zo zegt het boek van de Wijsheid van Jezus Sirach, "de droefheid doodt en er is geen enkel voordeel in te vinden". "Want Gode welgevallige droefheid leidt tot heilzaam berouw, maar de droefheid van de wereld leidt tot de dood" (2 Kor. 7,10).

De wanhoop is het allerergste. Ze maakt de grootste vreugde uit van de duivel. Dat is de 'zonde ten dode' waarvan de Heilige Schrift spreekt (1 Joh. 5, 16).

OVER DE ZIEKTE

Het lichaam is de slaaf van de ziel. De ziel is koningin. Als het lichaam verzwakt wordt door ziekte, is dat een teken van Gods barmhartigheid: de ziekte verzwakt de hartstochten, de mens komt erdoor tot zichzelf. Het kan zelfs gebeuren dat de ziekte ontstaat door de hartstochten. "Neem de zonde weg en de ziekten verdwijnen", bevestigt de heilige Basilios de Grote. De Heer heeft het lichaam geschapen, niet de ziekte; de ziel, maar niet de zonde. Wat is dus heilzaam en noodzakelijk? De vereniging met God en de liefdevolle omgang met Hem. Door de liefde te verliezen, scheiden we ons af van God en afgescheiden van Hem vallen we ten prooi van talloze kwalen. Daar staat tegenover dat aan hem die de ziekte met geduld verdraagt, deze wordt aangerekend als een ascetische 'heldendaad' en zelfs meer.

PLICHT EN LIEFDE JEGENS DE NAASTE

De naaste moeten we met zachtheid behandelen. We moeten erop letten hem op geen enkele wijze te beledigen.

Als wij ons afwenden van een mens of als wij hem beledigen, dan is het alsof wij een steen op ons hart leggen.

Een onredderd en verward mens moeten we weer moed geven door een hartelijk woord.

"Werp je mantel op een zondig mens om hem ermee te bedekken" raadt Isaak de Syriër aan (Hom. 89).

Om de mensen te benaderen moet men zuiver zijn in woord en geest, gelijk voor allen, zonder iemand te vleien, anders wordt ons leven zonder nut.

We moeten onze naaste niet minder beminnen dan onszelf, zoals de Heer zelf bevolen heeft: "Bemin uw naaste als uzelf" (Lc. 10,27), maar zodat alles blijft binnen de grenzen der gematigdheid en deze liefde ons niet verwijdert van het eerste en belangrijkste gebod: "Wie vader en moeder meer bemint dan Mij, is mijner niet waardig" (Mt. 10,37).

De heilige Dimitri van Rostov drukt zich daaromtrent aldus uit: "Men ziet bij een christen een onvolmaakte liefde wanneer hij het schepsel vergelijkt met de Schepper of wanneer hij méér ontzag heeft voor het schepsel dan voor de Schepper. Men ziet een ware liefde als alleen de Schepper boven ieder schepsel wordt verkoren en bemind" (Preek 2, tweede deel).

OVER HET OORDEEL OVER ZIJN NAASTE

Men moet niet oordelen zelfs als men met eigen ogen ziet dat iemand zondigt en de goddelijke voorschriften overtreedt. Geef uw afkeuring over een slechte daad, maar niet over hem die ze bedrijft. Het is niet aan ons te oordelen maar aan de Opperste Rechter.

"Oordeel niet opdat u niet geoordeeld wordt" (Mt. 7,1), en nog: "Wie ben je wel, dat je je een oordeel aanmatigt over de knecht van een ander? Of hij staat of valt, gaat alleen zijn meester aan. Hij zal trouwens staande blijven, want zijn Heer is bij machte hem staande te houden" (Rom. 14,4).

Wij weten zelf niet hoelang wij in de deugd zullen volharden. "In zelfgenoegzaamheid had ik gezegd: nooit zal ik wankelen! Neen, Heer, door uw goedheid alleen hadt Gij kracht verleend aan mijn geest. Maar nauwelijks hadt Gij uw Aanschijn verborgen of plotseling zonk ik ineen" (Ps. 29,7-8).

We moeten onszelf als de meest schuldige beschouwen, aan de naaste elke fout vergeven en alleen de duivel haten die hem bekoord heeft. Het kan soms de schijn hebben dat een ander slecht handelt, terwijl hij in werkelijkheid goed doet, omdat zijn intentie goed is. De poort van het berouw staat voor iedereen open en men weet niet wie er het eerst zal binnengaan, jij die oordeelt, of hij die door jou geoordeeld wordt.

Om niet te oordelen moet men letten op zichzelf, van niemand vreemde ideeën overnemen en voor alles dood blijven. Oordeel jezelf en je zult ophouden anderen te oordelen.

OVER HET VERGEVEN VAN BELEDIGINGEN

Een belediging, wat het ook zij, moet men nimmer wreken, maar integendeel van harte vergeven aan hem die ons beledigd heeft, zelfs al verzet zich ons hart. "Als u niet vergeeft aan de mensen, dan zal uw Vader ook uw fouten niet vergeven" (Mt. 6,15) en nog: "Bemin uw vijanden en bid voor wie u haten en vervolgen" (Mt. 5,44).

Als men u in uw eer aantast, doe uw best het te vergeven en "(...) als men uw goederen wegneemt, eis ze niet terug" (Lc. 6,30).

God beveelt ons alleen de vijandschap tegenover de slang, die vanaf het begin de mens heeft verleid en hem uit het paradijs heeft verdreven.

Denk eens aan David, aan Job, aan alle Godwelgevallige heiligen, die geleefd hebben zonder de haat te kennen.

Als wij zó leven, mogen wij hopen dat het goddelijk licht in onze harten zal schitteren, dat licht waardoor onze weg naar het hemels Jeruzalem verlicht zal worden.

OVER HET GEDULD EN DE NEDERIGHEID

Wat er ook gebeurt, alles moeten wij met geduld verdragen, zelfs met dankbaarheid, uit liefde tot God.

Keurt men je gedrag af, antwoord met een woord van lof. Vervolgt men je, verdraag het. Maakt men je verwijten, doe niet hetzelfde.

Verdraag in stilte dat de vijand je beledigt; open je hart aan God alleen.

Als we ons vernederen, zullen we de glorie van God zien, want daar waar nederigheid is, openbaart zich de glorie.

Zoals was, die niet verwarmd is en zacht gemaakt, de indruk van een stempel niet kan opnemen, zo kan de ziel de stempel van God niet in zich opnemen zonder eerst door beproevingen en wederwaardigheden te zijn gegaan. Toen de duivel de Heer in de woestijn verliet, kwamen de engelen nader om Hem te dienen (vgl. Mt. 4,11). Als zij zich gedurende de bekoringen van ons verwijderen, gaan zij niet ver weg en zij komen spoedig terug ...

Laten we God niet enkel danken als het ons goed gaat ...

De apostel Jakobus leert ons: "Broeders, acht het een zeer grote vreugde als u aan allerlei beproevingen blootgesteld wordt (...) Gelukkig de man die de beproeving weet te dragen! Heeft hij de toets doorstaan, dan zal hij de kroon des levens ontvangen die de Heer heeft beloofd aan wie Hem beminnen" (vgl. Jak. 1,2-4-12).

OVER DE BARMHARTIGHEID

Wees barmhartig voor de armen en de pelgrims. De Vaders, de lichten van de Kerk, waakten daar ijverig en volhardend voor.

Wat deze deugd betreft, moeten we ons houden aan het goddelijk gebod: "Weest barmhartig zoals uw Vader barmhartig is" (Lc. 6,31) en nog: "Barmhartigheid verlang Ik, geen offerande" (Mt. 9,13).

De wijzen hebben aandacht voor dit woord, terwijl anderen er geen acht op slaan. Daarom zal de beloning verschillend zijn: "Wie spaarzaam zaait, zal spaarzaam oogsten, wie ruim zaait, zal ruim oogsten" (2 Kor. 9,6).

Men moet een aalmoes met welwillendheid geven, volgens het woord van de heilige Isaak de Syriër: "(...) dat de opgewektheid van je gelaat je gave voorafga en mogen je goede woorden de ellende lenigen" (Hom. 89).

"Geef altijd en overal" zei de starets, en hij voegde eraan toe: "Wie blij geeft, wordt door God bemind. De aalmoes die zo wordt gegeven, al is zij nog zo onbeduidend, draagt haar beloning in zich mee" (2 Kor. 9,7).

Deze onderrichtingen zijn als een samenvatting van de spiritualiteit van de starets van Sarov. Worden zij enkel gericht tot hen die verlangen naar het monastieke leven? Men zou het zich kunnen afvragen, als men niet zou weten dat in de orthodoxie geen vaste grenzen bestaan tussen religieuzen en leken.

REGEL VOOR HET GEBED

Bij het opstaan zal iedere christen, staande voor de iconen, driemaal het 'Onzevader' bidden ter ere van de Heilige Drieëenheid; dan volgt de zang tot de Maagd: "Verheug u Maagd, Moeder van God"[66], ook driemaal, en tenslotte eenmaal de Geloofsbelijdenis. Na zo gebeden te hebben, kan iedere christen zich aan zijn bezigheden begeven. Tijdens het werk, thuis, buiten of op weg herhale hij zachtjes: "Heer Jezus Christus, Zoon van God, heb medelijden met mij, zondaar". Als hij niet alleen is, kan hij inwendig herhalen: "Heer, wees mij genadig". Zo doet hij tot de middag.

Voor het eten herhale hij de Regel van de ochtend.

In de namiddag, als hij weer aan het werk is, zal de christen stil herhalen: "Heilige Moeder van God, red mij, zondaar", ofwel: "Heer Jezus Christus, op voorspraak van uw Heilige Moeder, heb medelijden met mij, zondaar (zondares)".

En zo houdt hij vol tot de avond.

Tegen de tijd van het slapengaan zal iedere christen opnieuw dezelfde Regel van 's morgens opzeggen. Vooraleer in te slapen maakt hij het kruisteken.

"Door deze Regel na te komen", aldus de starets, "kan men de top van de christelijke volmaaktheid bereiken, want in de drie gebeden die erin vervat zijn, is het christendom gegrond. Het eerste is door de Heer zelf gegeven en dient tot voorbeeld voor alle andere; het tweede is een zang uit de hemel waarvan de Aartsengel zich bediende om de Maagd Maria, de Moeder van God, te begroeten; terwijl de Geloofsbelijdenis in het kort alle dogma's van het christelijk geloof bevat".

Voor hen die niet in de gelegenheid waren deze Regel voor de icoon te bidden, stond de starets toe hem in bed te

---

[66] Wat overeenkomt met het 'Weesgegroet'.

bidden of op weg of bij het werk, want er is gezegd: "Wie de Naam des Heren aanroept, zal gered worden" (Rom. 10,13).

Wie over meer tijd beschikken dan nodig is om aan deze Regel te voldoen en die onderricht zijn, kunnen er andere gebeden aan toevoegen, de lezing van de canons, van de hymnen, de Psalmen, het Evangelie en de Brieven.

Als men deze Regel vergelijkt met wat de starets eertijds de monialen van Divejevo had opgelegd, bemerkt men dat het verschil niet groot is. Het 'Onzevader', het 'Verheug u' en de Geloofsbelijdenis vormen de grondslag. Het moeilijkste hebben beide gemeen: de gehele dag door in zijn geest, verbonden met het hart, het inwendig gebed 'volhouden'. Dit is de 'onoverwinnelijke zegepraal', 'de ster die ons leidt op de weg naar het Koninkrijk'.

Zowel aan leken als religieuzen raadde de starets aan veelvuldig te communiceren: "Ga zo dikwijls mogelijk. Wie niet enkel eenmaal per jaar communiceert, maar dikwijls, zal reeds hier op aarde gezegend worden", zei hij. "Ik geloof dat de genade ook wordt meegedeeld aan het nageslacht van hem die communiceert. Eén rechtvaardige is voor God meer waard dan een menigte goddelozen".

We moeten er echter onmiddellijk aan toevoegen dat deze Regel, die de starets zelf ook dagelijks onderhield, niet zo eenvoudig en zo kort was. Hij bevat een groot aantal gebeden, aanroepingen, troparen, kondaks en kathismen[67], die wij hier niet vertalen. Men kan ze verkort vinden in het boek van N, Levitsky (pp. 643-646), alsook bij V.I. Ilyn, *De Heilige Sevafim van Sarov,* Y.M.C.A. Press, Parijs, 1930 (Russisch), pp. 193-198.

We zouden hier enkel een boetegebed van de heilige Efrem de Syriër willen aanhalen. Het wordt door de gelovigen

---

[67] Troparen, Kondaks, Kathismen zijn hymnen die deel uitmaken van het liturgisch jaar van de Orthodoxe Kerk.

met liefde en rouwmoedigheid gebeden tijdens de Grote Vasten en de starets heeft het opgenomen in zijn dagelijkse Regel vanwege de grote schoonheid en intieme verwantschap met de geest van de Orthodoxie.

Mijn God en Heer van mijn leven,
bevrijd mij van de geest van luiheid,
van ontmoediging, van eigenwil
en ijdele woonden

Metanie

Maar geef aan uw dienaar
de geest van kuisheid,
van nederigheid,
van geduld,
en liefde.

Metanie

O mijn God en mijn Koning,
laat mij mijn eigen zonden zien,
dat ik mijn naaste niet beoordele,
want Gij zijt gezegend
in de eeuwen der eeuwen.

Metanie

Amen.

Metanie: diepe buiging tot de grond.

Heer en Meester van mijn leven,
bewaar mij voor de geest van ledigheid,
moedeloosheid, heerszucht en ijdel gepraat.

Grote buiging

Maar schenk mij, Uw dienaar,
de geest van reinheid,
nederigheid, geduld en liefde.

Grote buiging

Ja, Heer en Koning,
doe mij mijn eigen fouten zien
en niet mijn broeder veroordelen,
want Gij zijt gezegend
in de eeuwen der eeuwen. Amen.

Grote buiging

Uitgeverij Orthodox Logos

- *De Orthodoxe Kerk: Verleden en heden* – Jean Meyendorff
- *Biecht en communie* – Alexander Schmemann
- *Verliefd Zijn op het Leven* – Samensteller: Maxim Hodak
- *De Orthodoxe Kerk* – Aartspriester Sergei Hackel
- *De mensenrechten in het licht van het Evangelie* – Nicolas Lossky
- *Geboren in Haat Herboren in Liefde* – Klaus Kenneth
- *Hegoumena Thaissia van Leouchino: brieven aan een novice*
- *Het Jezusgebed* – Een monnik van de oosterse kerk
- *Gebedenboek Voor Kinderen: Volgens De Orthodox Christelijke Traditie*
- *Dagboek Van Keizerin Alexandra* – Keizerin Alexandra
- *Mijn ontmoeting met Archimandriet Sophrony* – Aartspriester Silouan Osseel
- *Stap voor stap veranderen* – Vader Meletios Webber
- *De Weg Naar Binnen* – Metropoliet Anthony (Bloom) Van Sourozh
- *Geraakt door God's liefde* – Klooster van de Levenschenkende Bron Chania
- *De Heilige Silouan de Athoniet* – Archimandrite Sophrony
- *The Beatitudes: A Pathway to Theosis* – Christopher J. Mertens
- *De Kracht van de Naam* – Metropoliet Kallistos van Diokleia
- *De Orthodoxe Weg* – Metropoliet Kallistos van Diokleia
- *Serafim Van Sarov* – Irina Goraïnoff
- *Feesten van de Orthodoxe Kerk – een Leerzaam Kleurboek*
- *Catechetisch woord Over Het gebed van het Hart* – Aartspreiester Silouan Osseel
- *Naar de Eenheid?* – Leonide Ouspensky
- *Bidden Met Ikonen* – Jim Forest
- *Onze Gedachten Bepalen Ons Leven* – Vader Thaddeus Van Vitovnica
- *Alledaagse Heiligen En Andere Verhalen* – Archimandriet Tichon (Sjevkoenov)
- *Geestelijke Brieven* – Vader Jozef De Hesychast
- *Nihilisme* – Vader Serafim Rose
- *Gods Openbaring Aan Het Menselijk Hart* – Vader Serafim Rose

- *In De Kaukazus* – Monnik Merkurius
- *Terugkeer* – Archimandriet Nektarios Antonopoulos
- *Weest ook gij uitgebreid* – Archimandriet Zacharias (Zacharou)

- *Our Orthodox Holy Family* – Deacon David Lochbihler, J.D.
- *Prayers to Our Lady East and West* – Deacon David Lochbihler, J.D.
- *The Joy of Orthodoxy* – Deacon David Lochbihler, J.D.
- *The Inner Cohesion between the Bible and the Fathers in Byzantine Tradition* – S.M. Roye
- *St. Germanus of Auxerre* – Howard Huws
- *Elder Anthimos Of Saint Anne's* – Dr. Charalambos M. Bousias
- *Orthodox Preaching as the Oral Icon of Christ* – James Kenneth Hamrick
- *The Final Kingdom* – Pyotr Volkov

UITGEVERIJ ORTHODOX LOGOS
www.orthodoxlogos.com

www.ingramcontent.com/pod-product-compliance
Lightning Source LLC
LaVergne TN
LVHW041919070526
838199LV00051BA/2673